日本の会社のための

人事の経済学

PERSONNEL ECONOMICS

鶴光太郎

KOTARO TSURU

日本経済新聞出版

はじめに

「受難の時代」のフレームワークを提供

人事・労務管理担当者にとっては「受難の時代」が続いている。この10年間ほどを振り返ってみても、特に、2012年末の安倍政権発足以降においては、正社員の長時間労働是正と非正規社員の待遇改善などを柱とする働き方改革を筆頭に各種雇用制度改革が進展した。労働関係の各種法令は毎年のように改正され、それをフォローし、遵守していくことだけでも多くの労力を割かねばならなくなった。

それに加え、人事・雇用関係のバズ・ワードも人事コンサルタント・アドバイザーからこれまでにも増して発せられるようになった。HRテック、コーチング、ワン・オン・ワン、ジョブ型、パーパス、心理的安全性、リスキリング、DX人材、人的資本経営、OKR（目標と主要な成果）、など枚挙にいとまがない。「米国で注目を集めているようだ、日本でも超優良企業で取り入れられている」と聞くと、他の企業に乗り遅れまいと対応に奔走する人事・労務担当者は多いのではないか。

特に、2020年春のコロナ期以降は、職場に従業員が集まることができないという未曽有の事態が勃発し、強制的にリモート・ワークが始まった。これまでの経験がまったく通用しないという状況のもと、こうした人事コンサルタントの言葉に「藁にもすがりたい」と感じたことも一度や二度ではないかもしれない。

コロナの時代に突入してから早3年が経過し、コロナとの共存のし方、折り合い方がようやくみえてきたなかで、足元、2023年前半で多くの人事担当者が悩みを抱えているトピックとしては、人的資本経営であろう。なかでも、人的資本の情報開示やリスキリングへの対応は政府が推進していることもあり、企業もなんらかの対応が求められているが、そもそも、なぜ対応が必要なのかという本源的な問いがなされない、また、その答えを見つけられないようにみえる。つまり、人事・労務担当者が納得感ないまま義務感で走り出してしまっていることは否めない。

加えて、誰もが名前を知る有名大企業であったとしても、新卒一括採用において黙っていても優秀な人材が集まるという時代ではなくなった。もちろん、若者の間で「寄らば大樹の陰」「終身雇用への憧憬」がなくなったわけではないし、誰もが企業を渡り歩き、ベンチャー企業をめざすようになったわけでもない。中高年世代が思っているよりも若者は保守的であるというのが実態であろう。

しかし、若い世代の価値観が多様化していることは明白であり、かつてのように「企業戦士」という役割を彼らに押し付けることも難しくなった。また、彼らは有名大企業に入ったとしても転職への抵抗感は相当小さくなっているようにみえる。優秀な人材を採用できたとしても、育成、定着させることについては、これまでのやり方が通用しないことは、人事担当者も痛感しているところであろう。

このように多くの難題と悩みを抱えているのが、大企業の人事・労務担当者が今置かれている状況であろう。「人事雇用管理のあり方もこれまでの踏襲ではだめだ。改革が必要だ」と思っても、課題が多すぎてどこから手をつけていいのかわからない。同業他社の取り組みが気になるが、それが正解なのかもちろん判然としない。

変革の糸口はつかむことができたとしても、さらなるハードルが待ち受けている。それは、社内の経営幹部の説得だ。伝統的な大企業の場合、彼らの年齢層は50代後半から60代前半であろう。１９８０年代中頃・後半～90年代初頭、昭和の時代の最後の数年間かそれがまだ色濃く残る時期に社会人の第一歩を踏み出し、「ザ・日本的雇用」「メンバーシップ型雇用」が染みついている世代である。これまで慣れ親しんだ人事・雇用システムへの憧憬が強すぎる彼らから、人事・労務担当者の提案した改革に対し後ろ向きの反応を示されたという経験を持つ方々も少なくないかもしれない。

こうした「受難の時代」を生きる人事・労務担当者に「福音」とまではいかなくても、参考とすべき指針、考え方のフレームワークを提供したいというのが、本書執筆の目的である。そのアプローチは、彼らのみならず、広く人事・雇用・労働問題に興味を持つビジネスパーソン、学生の読者に対しても有用であると考えている。

なぜフレームワークが必要なのか

それでは、なぜ、考え方のフレームワークが必要なのであろうか。それは、人事・労務管理担当者が自分の企業の人事・労務管理のあり方について自ら考えて判断していくことができるようになるからだ。たとえば、コンサルタントがブームになるようなコンセプト（その多くは横文字であるが）をつくりだしそれを多くの企業に売りつけようとする。それがブームになればなるほど、それを取り入れたいという企業は多くなるであろう。

しかし、ここで冷静に判断すべきは、コンサルタントの売りの手法がたとえある企業で成功したとしても、自分の企業でうまくいくかどうかはわからないということだ。なぜならその企業を取り巻く外的環境が同じとは限らないからだ。同業他社の場合はそうした外的環境に共通性は多いかもしれない。しかし、企業の生い立ちから始まって、その企業組織、経営戦略などの内的環境は大きく異なるかもしれない。たとえ、ある手法がライバル企業でうまくいっていたとしても、それを取り入れればよいということにはならないのだ。だからこそ、自分の企業に合った手法を取り入れるためには、単にコンサルタントの「受け売り」ではなく、自ら考えて判断していくことがどうしても必要となる。

その一方で、あらゆる企業が影響を受けるといっても過言でない、日本全体の大きな環境、潮流の変化を察知し、正しく理解し、対応していくことが必要である。そのなかで、大企業を中心に戦後根づいてきた日本的雇用システム、なかんずく、メンバーシップ型雇用の本質、そのメリットとデメリット、欧米の雇用システムとの違いといった大局的な視点、理解も重要だ。

このように、自分の所属する企業は他社とどこが同じでどこが異なるかという、いわば「虫の眼」ともいえるミクロ的視点と、日本や世界を見渡し、鳥瞰的に捉える「鳥の眼」ともいえるマクロ的視点の両方が必要になる。

こうした視点を養うためには、やはり、学問的なベース、フレームワークがどうしても必要となる。本書では、そのベースとなるフレームワークとして、経済学の比較的新しい一分野である、「人事の経済学」とジョブ型雇用・メンバーシップ型雇用という雇用システムの類型化が重要と考えている。以下ではそれぞれについて詳しくみてみよう。

人事の経済学

人事・雇用の分野は、経済学のみならず、経営学、社会学、(組織)心理学、法学などさまざまな分野から研究が行われ、もともと学際的色彩の強い分野である。このため、この分野の研究、解明においては、さまざまな学問分野の成果を取り入れることが重要だ。

その意味で、筆者の領域である経済学は、社会科学のなかでは最も厳密な理論モデルと計量分析に立脚しながらも、こうした他の分野の知見も積極的に取り入れて発展してきている。特に、人事の経済学はその傾向が強いと考えている。人事の経済学とは具体的に何であろうか。

一言で言えば、「人的資源管理に関わる問題に対する理論的・実証的経済学アプローチ」といえる。従来、人的資源管理は組織心理学や社会学の観点から分析されることが多かったが、そこに経済学のメスを入れたのが人事の経済学である。

人事の経済学はもちろん、企業の従業員の人事・雇用管理を分析するので、経済学のなかでも労働経済学の一分野とされている。しかし、従来の労働経済学のもともとの関心対象はあくまで労働市場であり、特に、企業の外部にある外部労働市場である。たとえば、労働市場が完全競争的であれば、賃金はこの外部労働市場で決定し、企業は賃金決定に関与できない。パートなどの非正規雇用などはその典型例である。一方、長期雇用を前提とした正社員の賃金は企業の内部で決定されるのが通常だ。伝統的な労働経済学はこれを内部労働市場と呼んで、分析を行ってきたが、名前が示すように、市場という概念から抜けきれていないことは明らかだ。

1970年代以降、市場という概念だけでは捉えきれないさまざまな経済主体の行動や企業の内部の組織にまつわる問題は、契約理論、情報の経済学、取引費用の経済学、ゲーム理論などを包含する応用ミクロ経済学によって解明されてきた。その意味では、分析手法などは応用ミクロ経済学の一分野としても捉えることができる。

人事の経済学の創始者であり、スタンフォード大学教授を長く務めた、エドワード・P・ラジアー氏（2020年死去）は、既存の労働経済学は企業の現場の問題解決には必ずしも結びつかず、ビジネススクールで経営者をめざす学生にとって有益になるようなより実践的な学問体系が必要と考えたようだ。

ラジアー氏の代表的な著作・教科書である、*Personnel Economics in Practice* (Willey, M.Gibbsとの共著、邦訳『人事と組織の経済学 実践編』日本経済新聞出版)では、採用・離職、従業員への投資、企業組織と従業員の職務の設計、評価・昇進を含む報酬制度など企業と社員の関係を、雇う側の立場からトータルに捉えて解説をしている。厳密な経済学による理論的・実証的な研究成果を基礎としながらも、人事・労務担当者に実践的な指針を示してくれるのが、人事の経済学といえよう。

雇用システムの類型化

人事の経済学と並んで、人事・労務管理担当者にとって欠くことのできないフレームワークは、ジョブ型雇用・メンバーシップ型雇用という雇用契約の形態を類型化することによる雇用システムへの理解である。具体的には、序章、第1章で詳説するが、雇用契約において職務などが明記されているジョブ型と職務などは明記されていない一方、その企業の一員、つまり、メンバーシップを与えることを主眼とするメンバーシップ型に分けて、欧米と日本の雇用契約、雇用形態の違いを分析するアプローチである。

このアプローチは、日本的雇用・人事システムの本質を理解し、その変革を考えるうえで欠くことのできないフレームワークである。なぜなら、日本の雇用システムは、たとえば、長期雇用など大陸欧州などと共通する特徴はいくつかあるが、決定的に違うのは、欧米またはその他の諸外国の正社員はジョブ型雇用が普通であるのに対し、日本は大企業を中心にメンバーシップ型雇用の傾向が強いことだ。その意味で、日本はかなり特殊な存在といえる。ジョブ型雇用であることが当たり前である欧米で発展した人事の経済学では当然、死角になっていた点である。このため、人事の経済学と並んでジョブ型・メンバーシップ型の類型化は、人事・労務担当者が理解し、活用すべきフレームワークとしては両者が揃うことで初めて有効になるという意味で「車の両輪」といえる。

ジョブ型雇用については、いうまでもなく、特に、2020年以降、大きなブームが起きたが、筆者からみれば大きな誤解を伴ったブームでもあった。たとえば、「ジョブ型は成果主義」であるとか、「職務記述書さえ定めればジョブ型」といった誤解である。長年、ジョブ型雇用を推進してきた立場としては「ひいきの引き倒し」にしかみえず、複雑な心境であったことが否めない。

また、最近、特に着目されるようになった人的資本経営において重視されているリスキリング、副業・兼業、社内公募制などは、ジョブ型雇用がそのベースになければならないことは案外認識されていない。ジョブ型雇用への正しい理解を広めたいというのが、本書を執筆する最も大きな契機であったといえる。

日本企業の人事・雇用システムをどう変革していくかは、当然、企業の人事・労務管理担当者だけの関心事ではない。働き手にとっても自分が最大限のパフォーマンスを発揮し、ウェルビーイング（身体的・精神的・社会的に良好な状況）を向上させるためには、どのような人事・雇用システムが合っているのかも主体的に考え、それを提供してくれる企業を選ぶ時代になってきている。このため、人事・雇用システムのあり方は企業経営戦略とも大きく連関し、企業パフォーマンス、ひいては、日本の経済社会に大きなインパクトを与えうる。豊かで持続可能なより良き社会の実現に資するという意味でも、我々が真摯に向かい合わなければならないテーマなのである。

目次

第2章　日本の雇用システム——欧米システムとの本質的な違い　79

第5章　ポストコロナ・AI時代にふさわしい企業組織・人材・働き方の「見取り図」　165

第7章　ポストコロナに向けたテレワーク戦略――「テレワーク」の経済学　213

第8章 ゼロサム・ゲームからウィンウィンの関係へ
——企業と従業員関係の大変革 253

終章　人事の経済学の「レンズ」でみた「ミライのカタチ」

序　章

なぜ、いま、「人事の経済学」なのか

日本の会社のための
人事の経済学

——

Personnel Economics

想定外のことが普通に起こる時代

『不確実性の時代』と題するＪ・Ｋ・ガルブレイスの本が日本で刊行されたのは、１９７８年。この言葉が日本で定着するようになって久しいが、過去十数年の間、わたしたちの想像をはるかに上回る事態が進行している。２００８年のリーマンショックに端を発する世界経済危機、東日本大震災と原発危機、そして近年では、２０２０年春からのコロナ危機、そして、２０２２年春のロシアのウクライナ侵攻である。

こうした状況のなか、当然のことながら、日本経済はさまざまな課題に直面することになった。もちろん、その時々で出てきた課題は多種多様である。しかし、そこで初めて出てきたというよりは、認識されていたにもかかわらず、対応が先送りされてきた課題が少なくないのではなかろうか。

その良い例が、コロナ危機で強制的に取り組まざるをえなかった在宅勤務である。在宅勤務を含むテレワークは、多様で柔軟な働き方とＤＸ（デジタル化、ＩＣＴ活用）の「交差点」であり、コロナ以前から両者について企業がどれだけ前向きに取り組んできたかにより、コロナ下でのテレワークの利用・活用と成果に大きな差が生まれることになった。

多様で柔軟な働き方、ＤＸ自体は、10年以上前から推進できる環境にあったといえる。実際、上場企業でも、エクセレントカンパニーといわれる企業は、コロナ以前からすでに熱心に取り組んでおり、想定外の事態が起こっても困っていないというケースも多い。つまり、想定外のことが起こった場合においても、事前にやるべき課題に向けて準備している企業とそうでない企業の間でより差が開く状況になっているといえる。また、場所を選ばない働き方であるテレワークは、コロナ危機だけでなく、自然災害への対応という観点からも重要であり、これもすでに真摯に取り組んでおくべき課題であったことは間違いない。

バブル崩壊後30年で起こった大きな4つの環境変化——マクロ経済、労働力、資本、テクノロジー

こうした課題への対応の先送りが行われてきたのはなぜであろうか。バブル崩壊後30年間にわたる大きな環境変化において、小手先の対応でしのいできたことのツケが露わになってしまったという現状を踏まえ、この30年の間に起きた大きな環境変化についてもう一度直視し、その課題とそれに対する抜本的な対応を考えていく必要があろう。第5章で詳述するが、マクロ経済とその成長を決定づける労働力、資本、テクノロジーの4つの環境変化とそのインプリケーションについて簡単に述べてみたい。

第一は、マクロ経済の環境変化である。1980年代までのようなマクロ経済、産業レベルでの安定的な高成長は期待できなくなって久しい。加えて、成長率の低下のみならず、安定的な成長が期待できなくなっており、不確実性が高まっていることが重要だ。前述のとおり、想定外のことが頻繁に起こることが珍しくなくなってしまったという背景がある。このため、マ

クロの安定的な高成長に依存した企業戦略は、いずれの分野においても組み立てることが難しくなった。雇用・人事システムもその例外ではない。

具体的には、後払い型賃金（いわゆる「年功賃金」）、前例や横並びを意識した企業経営戦略、継続的・漸進的品質改良に依存したイノベーション・システム（プロセス・イノベーション）、さらにはそれらを支えてきた、同質的な人材を輩出しその間で綿密なコミュニケーション・コーディネーションを可能にしてきた日本的雇用・人事システム、などである。

安定した高成長が難しくなれば、賃金システムも変わる必要があるし、抜本的・破壊的イノベーションや前例や他社にとらわれない独創的な企業経営戦略とそれを生み出すような雇用・人事システムが必要となってくる。

第二は、労働力をめぐる環境変化である。1980年代半ば頃までは、日本企業は豊富な若年労働力の恩恵を十二分に受けてきた。しかし特に今世紀に入ってから、人手不足・少子高齢化・人口減少社会という問題がより深刻になってきている。このため、女性や高齢者の労働参加の量的・質的向上と両立するような雇用・人事システムが求められている。また、男性・働き盛り世代をメイン・プレイヤーの主体、前提とする雇用・人事システムが限界にきていることが、明確になってきた。

第三は、資本をめぐる環境変化である。具体的には、企業の成長、生産性向上の担い手として物的資産よりも人的資産、無形資産がますます重要になってきていることだ。人的資産、無形資産、いずれも、企業の従業員や経営者が生み出すものであり、その意味でも企業の付加価値を生み出していくうえでの「ヒト」の貢献の重要性が高まっている。旧来型の資本家・経営者と労働者の対立概念は意味をなさなくなりつつある。働き手のウェルビーイング（身体的、精神的、社会的に良好な状態）や価値をいかに高めるかが、企業の本源的な課題となっている。そのため第8章でみるように、多様で柔軟な働き方が選択できるか、個人が成長できる環境にあるかが重要になってくる。

第四は、テクノロジーをめぐる環境変化である。企業を取り巻く環境のなかでもテクノロジーの変化のスピードは驚異的だ。特にＩＣＴ（情報通信技術）、ＡＩ（人工知能）関連の新たなイノベーションは、ビジネスや市場・産業構造のみならず社会のあり方までも根本的に変えるような「地殻変動」を起こしている。企業がこうしたイノベーションの担い手になるばかりでなく、こうした変化に迅速かつ柔軟に対応し、それを活用できるかが問われているのだ。

日本がデジタル化をはじめ、こうした新たなテクノロジーの活用に乗り遅れた一つの要因は、第4章でも詳述するように日本の企業がこうしたテクノロジーを使わずとも「人力」で非常に効率的な企業組織内の情報コーディネーションシステムをつくりあげてきたことにある。しかし、こうしたシステムは、これまでの雇用・人事システムと補完的であり、逆にテレワークなどの「時間・場所によらない働き方」の普及の妨げになってしまっている。

人事の経済学——大局的・鳥瞰的な視点で分析、対応を考えていくために必要な骨太なフレームワーク

こうした4つの大きな環境変化への対応を考えるためには、大局的・鳥瞰的な視点での分析が欠かせず、それを可能とする骨太なフレームワークが必要となってくる。

その一つが、企業と従業員の関係、雇用・労務・人事管理・能力開発を含む人的資源管理を経済学の視点から分析する「人事の経済学」である。「人事の経済学」は応用ミクロ経済学、そのなかでも、組織の経済学の一分野であり、経済学でも比較的新しい分野である。そこには、労働経済学が企業の現場で起きていることを十分に説明できていないという、故エドワード・ラジアー氏（スタンフォード大学教授）など人事の経済学の分野を切り拓いた先駆者たちの問題意識、ビジネススクールでの経験などが反映されている。

人事の経済学は日本、欧米問わず、そもそも雇用・人事システムがどのように機能しているのか、その基本的なメカニズム、その背後にある理論を知るために企業の人事担当者が理解しておくべきフレームワークだといえるであろう。

雇用・人事の分野は、経済学・経営学だけでなく、法学、社会学、心理学などさまざまな学問分野のいわば「交差点」となっているともいえる。筆者自身も異なる学問分野の専門家の方々とコラボレーション、共同研究を行ってきており、雇用・人事というまさに「ヒト」が関わる分野については多面的な視点を持つことがとりわけ大切だと考える。実際、他の分野から

も これまで多くの知見、示唆を得てきた。「人事の経済学」はそうした知見を取り込んでいくという点でも、柔軟性と現実性を持った学問体系といえるであろう。

ジョブ型・メンバーシップ型雇用という概念区分け

もう一つの骨太のフレームワークは、「ジョブ型雇用」と「メンバーシップ型雇用」という雇用契約の形態を区分けする概念である。具体的には、雇用契約において職務が明記されているジョブ型と明記されていないメンバーシップ型に分けて、欧米と日本の雇用契約、雇用形態の違いを分析するアプローチである。日本的雇用・人事システムの本質を理解し、その変革を考えるうえで欠くことのできないフレームワークでありながら、ジョブ型である欧米で発展した「人事の経済学」では死角となっていた点でもある。このフレームワークを使いながら、日本の雇用・人事システムを欧米との比較を含めて客観的かつ正確に理解することが重要である。

ジョブ型雇用については、コロナ時代に突入した2020年あたりからにわかに注目されるようになった。まさに、「ジョブ型ブーム」ともいえるような様相となったものの、ジョブ型への誤解が氾濫したことも事実である。日本の雇用・人事システムを正しく理解するうえでも欠かせない概念だけに、なぜジョブ型がブームになったのか、どのような誤解があったかを理解することは重要だ。

ジョブ型・メンバーシップ型という概念を使って、欧米と日本の雇用システムの違いを初めて明快に論じたのは、労働政策研究・研修機構所長、濱口桂一郎氏の2009年の著作（『新しい労働社会――雇用システムの再構築へ』）である。しかし、第1章で詳述するように、日本の正社員が職務のみならず、勤務地や労働時間についても限定されていない「無限定正社員」という特徴を持つことは、2000年代初めには研究者や政策当局には明確に意識され、正社員と非正社員の極端な二極化・格差是正のためにもこうした要素が限定された正社員を普及させるべきという認識があったことも事実である。

こうしたジョブ型や限定正社員という言葉、概念が世間で初めて注目されるようになったのは研究者や政策担当者が問題を認識したタイミングよりも遅く、具体的には2013年以降である。2013年当時、筆者は、規制改革会議・雇用ワーキンググループ座長を務めており、雇用改革の「切り札」としてジョブ型雇用の普及を掲げ、その推進を担った当事者であった。政策的なテーマにジョブ型雇用が押し上げられたことで、ジョブ型雇用という言葉・概念が人口に膾炙《かいしゃ》したと考えている。

規制改革会議では当初、職務・地域限定型正社員という言葉を使っていたが、限定というネーミングがネガティブな印象を与えるため、すぐジョブ型正社員という用語に統一した。筆者が、雇用ワーキンググループの座長として提案したペーパー（「ジョブ型正社員の雇用ルールの整備について」2013年4月19日）には、以下のような定義が示されている。

①職務が限定されている、②勤務地が限定されている、③労働時間が限定されている（フルタイムであるが時間外労働なし、フルタイムでなく短時間）、のいずれかの要素（または複数の要素）を持つ正社員をジョブ型正社員と呼ぶ。

注：ジョブ型という言葉はもともと職務限定型の意味合いが強いが、下記の厚労省調査によれば、なんらかの限定が行われている正社員の内、職務限定型が8〜9割を占めており、それに付随して、勤務地や労働時間が限定される場合も多いので、ここではジョブ型という言葉で代表することにする。

たとえば、「ジョブ型」という用語が「日本経済新聞」の記事にどのように使われているかをみると、この用語が初めて登場するのは2013年である。また「限定正社員」という言葉も、2007〜08年において改正パートタイム労働法の施行前後で導入される例がみられた「地域限定正社員」という用語で使われているだけである。やはり広い意味での「限定正社員」という用語が「日本経済新聞」で使われるようになったのは、2013年以降である。

なぜ、「第二次ジョブ型ブーム」が起こったのか

以上から、ジョブ型雇用が世間を騒がせたのは2013年にさかのぼり（第一次ジョブ型ブーム）、2020年頃から始まったブームは「第二次ジョブ型ブーム」ということができる。「ジョブ型」という言葉が「日本経済新聞」の記事で使われた回数をみると、2013〜18年

では毎年10件以内であったが、2019年には20件を超え、2020年には162件、2021年は108件と近年大幅に増えたことがわかる。今回、ジョブ型雇用が脚光を浴びている理由・背景として以下のような事情が挙げられる。

第一は、日本経団連がジョブ型雇用推進に積極的な発言をするようになったためである。「第一次ジョブ型ブーム」の際には、労使とも必ずしもジョブ型雇用推進には前向きでなかったという事情があった。しかし、そのなかで変化の兆しが出てきたのが、企業側の経団連であった。『2020年版経営労働政策特別委員会報告』では、ジョブ型への全面移行ではないものの「メンバーシップ型のメリットを活かしながら、適切な形でジョブ型を組み合わせた『自社型』雇用システムを確立すること」を謳っている。

これには、当時経団連会長であった故中西宏明氏が、日本の大企業のなかでもジョブ型雇用の推進に熱心な日立製作所出身であることが影響していると思われる。日立はグローバル企業として人事戦略もグローバル化していくことを標榜している。グローバル化への真摯な対応が、ジョブ型推進に結びついているのだ。

第二は、コロナ下において、企業がテレワーク、在宅勤務を取り入れざるをえないなかでさまざまな課題が出てきたことだ。在宅勤務においては、従業員間のコミュニケーションが難しい、上司の部下に対する監視・管理・評価などが難しいという声はよく聞くところだ。

たしかに、ICT・デジタル革命以前においては、テレワークに向く仕事は他の従業員との調整が少なく独立的に行うことができ、成果が測定しやすい、つまり、コミュニケーションや監視の必要性が少ない仕事だというイメージが強かったことは事実だ。このようなテレワークに向いた仕事のイメージとジョブ型雇用の仕組みは重なる面もあるため、テレワークをうまく進めるためにはジョブ型雇用にしなければならないという議論が出てきたと思われる。

しかし、2021年以降の第二次ジョブ型雇用ブームのもとでは、ジョブ型雇用が必ずしも正しく理解されず、誤解もかなり氾濫している。次章では、ジョブ型・メンバーシップ型雇用の基本のみならず、いくつかの典型的な誤解を取り上げて、解きほぐしてみたい。

本書の目的

ここで本書の目的を整理してみよう。まず、これまで述べてきたような過去30年にわたって続く大きな環境変化と想定外の事態が頻発する不確実性の時代にあって、日本の企業において雇用・人事管理を担当されている方々、また、広く、雇用・人事システムに関心をお持ちの方々に、今後の雇用・人事システムのあり方を考え、再構築するための「羅針盤」や「海図」、つまり、基本となるフレームワーク・考え方・知識を提供することである。

もちろん、望ましい雇用・人事システム・仕組みは、産業レベル、企業レベルにおいて異なるであろうし、すべての企業に適用できる有効な手法があるわけではない。しかし、どの企業においても認識しておくべき基本となるフレームワーク・考え方・知識はあるのではないか。

たとえて言うならば、船長の経験や勘だけでは悪天候、荒波を乗り越えて安全な航海を行うことはできず、「羅針盤」「海図」が必ず必要になるのではないかという問題意識である。

本書の執筆のきっかけは、コロナ下で流行語になったジョブ型雇用に関して氾濫する誤解を正したいという強い思いであった。また、企業側が導入を迫られることで進んだ在宅勤務などのテレワークについても、その意義や取り組み方について必ずしも十分な理解が行き渡っているとはいえない。先入観にとらわれてしまっていると感じることも多かった。

一方、こうした働き方の根本に関わるイシューへの誤解や先入観を正していくことは、小手先のやり方では難しいと認識するようになったことも事実である。

なぜなら、こうした誤解や先入観を持つ方々との間で議論を行うための共通の土台であるフレームワーク・考え方・知識に大きな隔たりがあると感じるからである。具体的には、1980年代までに大企業を中心に隆盛を極めた、いわゆる日本的雇用・人事システム（および、それを裏で支える情報システム）の本質、その対比としての欧米のシステムの特徴・差異、そして日本、欧米のこれまでの変化、雇用・人事システムの個々の仕組みを評価していく際に不可欠な理論的フレームワークである。こうした議論の土台の共有こそ迂遠のようにみえても、実は理解、認識の共有化にとっては必要不可欠なものであろう。そこで本書では、議論の土台をなす考え方を解説する、いわば理論・教科書編を設けることにした。

一方、理論・教科書編だけでは、特に、日本の企業の人事・雇用管理を担当されている方々に対し、今後の雇用・人事システムの構築を考えるための指針を示すという点においては不十分であろう。なぜなら、理論・教科書編だけでは、ジョブ型雇用の誤解を解いたり、内外の雇用・人事システムを正しく理解することはできても、人事担当者の立場から雇用・人事システムをどう変えればよいかはみえてこないからだ。

もちろん、前述のとおり、企業ごとに求められる雇用・人事のあり方は異なるかもしれない。しかし、日本全体を取り巻く長期的・継続的な大きな環境変化への対応から議論を出発させれば、どの企業にとってもベースとして考慮すべき戦略の姿が見えてくると思われる。そこを明らかにするのが、本書後半の実践・戦略編である。

本書の構成——理論・教科書編と実践・戦略編

以上を踏まえ、本書は、理論・教科書編（ジョブ型雇用と日本的雇用システム）（第1～4章）と実践・戦略編（新たな環境変化への対応戦略）（第5～8章）の2つのパートから構成されている。

前半の理論・教科書編では、ジョブ型の誤解を解き、今後のあるべき雇用・人事システムを考えるためには内外の雇用・人事システムの正しい理解が必要であるという認識に立ち、「人事の経済学」「ジョブ型・メンバーシップ型」という2つのフレームワークにもとづいた解説を行う。

第1章では、ジョブ型・メンバーシップ型の雇用・契約形態の違い、基本について詳述する。第2章では、日本的雇用システムの特徴、変化について経済学・経営学の実証分析の成果をもとに解説する。第3章では、特に、誤解や議論の多い成果主義について人事の経済学の視点から理論的に考察し、2000年代前半、日本で成果主義が失敗した理由を探る。第4章では、企業組織システムを構成するサブシステムとして雇用システムと補完的であり、裏側からそれを支える情報・コーディネーションシステムについて日本の特徴を整理する。

実践・戦略編においては、人事担当者の立場から検討すべき雇用・人事システム改革のベースとなる戦略について議論する。まず、第5章では、本章でも触れた過去30年に起きた4つの大きな環境変化に触れながら、ポストコロナ時代に向けた日本の雇用人事システムの「見取り図」とそこに進むための「針路」を示す。具体的には、第6章でジョブ型雇用への移行戦略、第7章では対面に限りなく近づけるためのテレワーク戦略、そして第8章では、企業と従業員のゼロサムゲーム・対立関係を超えて互いがウィンウィンの関係になるために必要な雇用人事システムを包括的に考察する。

理論・教科書編と実践・戦略編は相互補完的であり、この2つが第5章でうまく連結され、両方の視点を兼ね備えていることが、本書の特長ともいえる。

実践・戦略編の５つのポイント

序章では、先に挙げた４つの大きな環境変化に対応するため、実践・戦略編で述べる５つのポイントを先取りする形で述べることにしたい。

【第一のポイント】無限定正社員システムの切り崩しと広義ジョブ型正社員の拡大（第６章参照）

第一は、ジョブ型雇用の推進である。同質的な人材で固定されがちで、多様で柔軟な働き方の余地のないメンバーシップ型無限定正社員システムに固執し続けるのであれば、４つの大きな環境変化に対応できないことは明白である。メンバーシップ型雇用を切り崩すことが不可欠である。

もちろん、日本企業が狭義のジョブ型雇用に一気に全面転換することは難しい。そこで、現在の雇用システムのもとで部分的、漸進的にジョブ型正社員の領域を大きくしていく、つまり、第１章で詳述する広義のジョブ型正社員（職務・勤務地・労働時間のいずれかが限定された正社員）を普及させる取り組みが必要だ。女性および高齢者の正社員としての労働参加を進めるためには、働き方の選択肢が広がることが重要になる。高齢者雇用も70歳以上を視野に入れるのであれば、定年にいたるまでの早い段階でジョブ型への転換が必要となる。まさに「待ったなし」の状況といえよう。

広義のジョブ型正社員を拡大するという点では、「労働時間」限定、「勤務地」限定はこれまでも進展がみられた部分であろう。これに対して、いわば本丸ともいえる「職務」限定正社員の拡大については、労働時間および勤務地限定に比べてハードルが高いのは事実だ。

日本の雇用・人事システムの改革という視点からすると、ジョブ型雇用の最も重要な要素はキャリアの自律性であろう。自分で自分の仕事を決められる、将来のキャリアが見通せるということが、イノベーティブで成長できる人材にとっては必須だ。このため、複線的な人事を導入し、メンバーシップ型の異動以外に、社内公募、または、それに準じる仕組みを導入していくことがカギとなる。

【第二のポイント】新たなテクノロジーを徹底活用した情報伝達・共有システムへの移行と「時間・場所によらない働き方」の確立（第7章参照）

第二は、ウィズコロナのみならずポストコロナにおいてもテレワークなどの時間・場所によらない働き方を推進することだ。新たなテクノロジーを徹底活用することで「時間・場所の非同時性」を前提にしながらも「時間・場所の同時性」に限りなく近づけることが可能になっている。ビフォーコロナの段階でも、テレワークといった時間・場所によらない働き方はもっと推進、普及させることができたはずなのだ。それは、自然災害に対する企業のレジリエンスを高めるという点でも取り組むべきものであった。

コロナ危機のもとで、いわば強制的に在宅勤務が進められたことで、むしろ、メンバーシップ型が生んだ強固な対面主義、大部屋主義、人力による情報コーディネーションシステムを見直す千載一遇の機会が広がったといえる。ポストコロナでは、出社する従業員と在宅勤務する従業員が同じチームでも併存しながら仕事を進めることが当たり前になるであろう。そのためには、従業員が自分のパフォーマンスを最も高めるために働く場所を自由に選ぶことができ、出社と在宅勤務が企業のなかで両立・併存するシステムをつくりあげていく必要がある。

【第三のポイント】イノベーティブで成長できる「ジリツ」人材の採用・育成・評価（第8章参照）

第三に、「人（ヒト）」が企業の成長の源泉であり、抜本的・破壊的イノベーションによる企業の成長が求められるのであれば、個々の人材もそうしたイノベーションの担い手になれるように成長できるイノベーティブな人材でなければならない。つまり求められる人材とは、型にはまらない尖った人材であり、「自ら立ち、自ら律する」ことのできる「ジリツ人材」であるべきだ。こうした人材を採用・育成・評価するシステムをつくりあげることが、企業にとっては重要だ。

イノベーティブで成長志向のある人材を採用するには、従来の新卒一括採用主体の採用ではなく、新卒採用の時期の多様化、中途採用の拡大、採用の多様化を図っていくことが重要になる。欧米のように採用とインターンの連携もより密接にしていく必要がある。また、キャリアの自律性を高めるとともに、評価システムも、試行錯誤、チャレンジ精神、成長志向を評価する仕組みに変えていく必要があろう。

【第四のポイント】組織内人材の多様化とパーパス経営の推進（第8章参照）

第四に、組織のイノベーションのためには個々の人材がイノベーティブであるばかりでなく、組織の構成員である人材の多様性を高めることも忘れてはならない。また、多様で尖った人材を組織として束ねていくためには、企業の理念、社会的貢献目標といった「パーパス」がこれまでにも増して重要となる。企業経営者層の意識や発信力が問われている。

【第五のポイント】従業員のウェルビーイングの徹底した向上（第8章参照）

第五は、物的資本の重要性が薄れ、人的資本、無形資本の役割が飛躍的に高まっていることから、「人（ヒト）」を企業の中心に据え、そのウェルビーイング（身体的・精神的・社会的に良好な状態）を徹底的に高めることだ。

企業が独自の成長、イノベーションを探求するためには、「人（ヒト）」を企業の成長を生む源泉と捉え、企業における従業員の位置づけを根本的に見直す必要がある。そのためには、資本家・経営者と労働者・従業員の対立概念を捨て去り、従業員のウェルビーイングを徹底的に高めることにより企業のパフォーマンスを高めていくという発想に切り替えることが重要だ。

こうして企業の組織・人事・働き方が変わり、企業と従業員の関係がウィンウィンに変化していくことで、真の意味の新しい資本主義が根づいていくことが期待される。

第1章

ジョブ型雇用とはいったい何か

氾濫する誤解を解きほぐす

序章では、2021年以来ジョブ型雇用がにわかに注目を集めていることを述べたが、これまでのいわゆる日本的な雇用システム・労働市場に内在するさまざまな問題を解決していくために、ジョブ型雇用の普及が大きなカギを握っていることは、筆者もこれまでも強調してきた。[1] しかし、最近のジョブ型雇用に関する議論には誤解も多く、ジョブ型雇用への正確な理解、普及にはかえってマイナスではないかと感じる場面も少なくない。

本章では、まず、ジョブ型雇用に関する基本的な考え方を丁寧に解説してみたい。ジョブ型雇用が明示的に議論されるようになって10年以上経つが、筆者を含め長年、ジョブ型雇用を議論してきた有識者や（政府）機関の間でも若干の定義の違いがあり、わかりにくくなっている面は否めない。ジョブ型雇用を「山」にたとえるならば、定義の違いは山に入る「登山道」の違いで、いずれの「登山道」でも「山の頂上」にたどり着けば、同じ全体像を見渡せるし、同じものを対象にしていることには変わりない。そうした定義の違いについても詳しく触れてみたい。

一方、最近数年にわたって広がっているジョブ型雇用に関する誤解は、一部の特徴のみに焦点を合わせたものや、本来のジョブ型雇用の特徴とはいえないものを大きくクローズアップさせるようなものが多い。これらも、ジョブ型雇用の全体像を正しく理解していれば避けることのできる誤解である。なぜ誤解であるかを詳しく論じたい。

1　ジョブ型雇用・メンバーシップ型雇用の定義

まずは、ジョブ型という用語を初めて使った労働政策研究・研修機構所長、濱口桂一郎氏が示した定義に戻ってみよう。濱口氏は雇用契約に着目し、日本以外の雇用契約（ジョブ契約）は、雇用契約に職務（ジョブ）が具体的に明記されているが、日本の（大企業・正社員の）雇用契約はいわば「空白の石版」のごとく職務が明記されておらず、むしろ、その会社のメンバーとなる契約になっていると喝破した。

前者の雇用契約を「ジョブ契約」、後者の雇用契約を「メンバーシップ契約」と名付けた。「ジョブ契約」で雇用関係が結ばれる場合はジョブ型雇用、「メンバーシップ契約」で雇用関係が結ばれる場合はメンバーシップ型雇用と呼ばれると考えてよいだろう。

ここで注意が必要なのは、原理・原則を考えれば、「ジョブ型契約」は雇用契約において、ある意味、自然であり、きわめて標準的な契約形態である一方、「メンバーシップ契約」はかなり特殊な契約形態であり、そもそも雇用契約とみなすこと自体、かなりアクロバット的であるといっても過言ではない、ということである。

1　鶴［2016, 2019］

なぜなら、職務は雇用契約において最も重要な要素であり、それが明記されていることは至極当然のことだからだ。したがって、それが明記されていない「メンバーシップ契約」という概念はそれ自体が相当特異的であり、本来の意味で雇用契約の体をなしていないといってもおかしくない。

それでも契約といえるのは、その企業のメンバー（正社員）になり、その企業において必要とされる職務を（何であれ）遂行することを企業、従業員双方が（暗黙的に）約束するからだ。法学、経済学に限らずどのような学問分野の体系でも原理・原則、教科書的に考えれば、雇用契約は「ジョブ契約」にしかなりえないという認識が重要だ。

もう少しわかりやすい定義は、職に就く場合、ジョブ型＝「就職」（特定の職務に就く）、メンバーシップ型＝「就社」（特定の企業のメンバーになり、その企業の職であれば何でも就く）という対比である。「就職」は普通の用語であるが、「就社」という言葉は辞書にはないので、「メンバーシップ型（契約）」は、やはり特異な概念であることが確認できよう。

一方、ジョブ型＝「仕事に人を張り付ける」（仕事本位）、メンバーシップ型＝「人に仕事を張り付ける」（人本位）という定義もしばしば使われる。たとえば、メンバーシップ型の新卒一括採用の場合、ある特定の職務に就くことが事前に決められていないなかで採用されるので、「人に仕事を張り付ける」といえるであろう。

しかしながら、この定義の場合、区別は必ずしも明確でなく、あいまいな部分も残る。なぜなら、毎年、新人が就く配属先はだいたい決まっていることが普通で、誰がその配属先に就くかの違いはあるものの、新人をその配属先における職務に張り付けていることには変わりなく、その意味では「仕事に人を張り付ける」ともいえる。

日本のなかでのジョブ型・メンバーシップ型のグラデーション

このようにジョブ型、メンバーシップ型の違いを正しく理解することが難しい背景の一つは、われわれ日本人は、ある意味かなり特異的な雇用契約が普通の世界に慣れ親しんでしまっているため、むしろ標準的な雇用契約が肌感覚でわかりにくいということであろう。

われわれ日本人としてジョブ型をイメージしやすいのは、パート・アルバイトといった非正規雇用である。そして日本がメンバーシップ型雇用であるという言い方をする場合は、主に大企業・正社員を想定していることには留意が必要だ。メンバーシップを強調するならば、特定の企業に所属する期間が限定されている有期雇用ではなく、期間の定めのない無期雇用である必要があるからだ。終身雇用や年功賃金といった日本的雇用の特徴も、同様に大企業・正社員を主に対象としていると理解すべきだ。一方、正社員とは異なりパート・アルバイトは、職に就く場合、職務が特定、限定化され、賃金も時給で決まっている場合がほとんどだ。

ちなみに、日本の中小企業はジョブ型、メンバーシップ型いずれであろうか。大企業に比べれば、同じ正社員でも中小企業の場合、メンバーシップ型の特徴はやや弱いであろう。メンバーシップ型の特徴である職務が限定されていないことの裏には、職務が特定の人にしかこなせないのではなく、代わりの人が何人もいて人事異動で動かせることが前提にある。他方、毎年新人が必ず入社するとは限らず、人員に余裕のない中小企業では、特定の職務をこなせる人が何人もいるわけではないであろう。このため、職務に人を張り付け、より長い期間その職務に従事する傾向が強いといえる。一方、人手不足だからこそ、職務が限定されるジョブ型であっても、複数職務を担当せざるをえない傾向もあることには、留意が必要だ。

それでは、新卒採用と中途採用ではどのような違いがあるであろうか。新卒採用であれば、特定の職務をすぐこなせるスキルがあるわけではないのでメンバーシップ型の特色が強い。文系大卒者の場合は特にそうだ。一方、理系では大学院卒者の割合が高いこともあり、ある程度、大学における専攻科目の違いや所属研究室の特性に応じて入社後の職務が比較的限定されるなど、ジョブ型の色彩が出てくるという違いがある。

他方、中途採用は、新卒採用に比べれば、特定の職務・ポストに見合った知識、経験を持つ人が選ばれるため、新卒採用よりもやはりジョブ型の色合いが強くなる。もちろん、中途採用でもいったんその企業に入ってしまえば、メンバーシップ型の人事管理・運用に置かれる場合もあるであろう。明確な線引きは難しく、あくまで、色合い、濃淡の違いと理解すべきだ。

古典的なジョブ型雇用――ジョブ型の源流をたどる

ジョブ型とメンバーシップ型の理解のために、まずは、日本のなかでのジョブ型とメンバーシップ型それぞれの代表例として、パート・アルバイト従業員と大企業正社員をみてきた。加えて、筆者がジョブ型雇用を理解するうえで欠かせないと考えているのは、18世紀後半からの産業革命を経て20世紀前半に米国で確立された工場労働者の雇用・働き方である、「古典的なジョブ型雇用」に着目することである。

読者の皆さんは、チャールズ・チャップリンの名作映画『モダン・タイムス』(1936年)をご覧になったことがあるだろうか。そこでは、チャップリン扮する主人公が、巨大な製鉄工場でベルトコンベアーを流れる部品のナットをスパナで締め続けるという単純作業を繰り返している姿が描かれている。筆者は小学生のときこの映画を観て、主人公が大きな歯車に巻き込まれてしまうシーンが特に印象に残り、「労働者もまさに『歯車』の一つなのだ」という感慨を持ったことを覚えている。この映画で描かれた工場労働者の働き方は、「古典的なジョブ型雇用」の典型と考えていいだろう。

その働き方の最も重要なポイントは分業である。経済学の祖とされるアダム・スミスの『国富論』(1776年)では、有名なピン職人の例が描かれている。そこではピンの製造が、針金を引き延ばし、まっすぐにし、切断し、それを尖らせたり、頭を付けたりするなど約18の作業工程に分かれており、それが別々の人(または、2~3つの工程を同じ人)で行われているのを見出した。一人で全部の作業工程を行えば一日20本もつくることができないが、作業が多数の部門に分割され、分業されることにより、一日10人で４８００本以上のピンをつくることができたことを紹介している。生産性を飛躍的に向上させるという意味で分業の利益を端的に示した好事例といえる。

上記の例でもわかるように、分業の利益を徹底して享受するためには、作業工程をなるべく細かく分けて、切り分けられた一つひとつの作業は単純でかなりの繰り返しができることが重要だ。それにより規模の利益を生み出す仕組みである。このため、それぞれの労働者の受け持つ作業範囲＝職務は、明確かつなるべく狭くする必要がある。まさに、ジョブ型の本質といえる。

分業、職務の切り分け・明確化を前提とする働き方は、20世紀前半においてさらに洗練されることになる。いわゆる、テイラーリズム、フォーディズムと呼ばれる考え方がそうだ。前者は１９００年代初め、フレデリック・テイラーが提唱した「科学的管理法」と呼ばれる手法だ。

まず、それまでの経営部門は生産現場の管理にはあまり関わらず、熟練労働者にその管理を任せるような内部請負制度が非効率的な生産や組織的怠業を生んでいたとの反省があった。テイラーは現場から生産計画を分離させ、計画立案と管理の専門部署をつくるといった「計画と実行の分離」を強調した。これにより、生産現場は、経営企画管理部門からの指令で動くということが明確になったといえる。

そのうえで怠業を防ぐため、「課業管理」（一日のノルマとなる仕事量の設定）を行うとともに、「作業の標準化」（作業に必要な工具や作業の方法〈手順、動作〉などのきめ細かな指定といった作業の徹底した標準化・最適化）を行うことで、労働者の熟練度にかかわらず、誰でも作業方法を習得し、作業効率を上げることができるようにした。

テイラーリズムのポイントは、労働者に特別な教育やスキルを求めていない点だ。どんな労働者でもサボらず、作業が遂行できる仕組みをつくりあげたことが大きい。元来、狭く、明確に切り分けられた職務は、科学的管理法で、誰でもできるよう、より単純化、標準化されていったといえよう。

この「科学的管理法」をいち早く取り入れ、成功を収めたのが、フォード社であった。創業者のヘンリー・フォードは１９１０年代にベルトコンベアーによる流れ作業方式を導入し、Ｔ型フォードの大量生産・低価格化を可能にした。この生産方式は、フォード・システム、フォーディズムと呼ばれている。働き方の視点からは、単純繰り返し作業の代償として、高賃金、短時間労働（８時間労働制）が提供された。

ここで紹介したテイラーリズム、フォーディズムに端を発する古典的ジョブ型雇用は、ある意味、労働者を機械に限りなく近づけることで生産効率を高めることを意図したため、その「非人間性」がその後批判されることになった。チャップリンの『モダン・タイムス』もそれが主題であった。しかし、欧米の雇用、働き方を考えるうえで、こうした古典的なジョブ型がその源流、根本にあり、今日の欧米のジョブ型雇用においても色濃く反映されているという認識は欠かせない。これが「ジョブ型は古臭い」といわれるゆえんである。

ここで、古典的ジョブ型雇用の大まかなイメージをまとめておこう。職務の幅は狭く明確に定義されている。賃金は職務に結びついているという意味で職務給であり、成果とはほとんど連関しない。職務の範囲が狭いため企業内での配置転換・異動は必要ないし、そもそも難しい。標準化された単純労働なので職務遂行のための最低限のスキルを持っていることが前提とされ、企業内でスキルの熟練度を向上させるための特別な教育訓練は、想定されていない。

2 ジョブ型雇用の範囲を広く捉える＝限定正社員

古典的ジョブ型雇用が理解できると、「筆者を含めジョブ型雇用推進者は、日本は古典的ジョブ型雇用に回帰すべきと主張しているのか?」と疑念を抱く読者もいるかもしれない。答えはもちろん否だ。

大企業・正社員を中心にメンバーシップ型雇用をどう変えていくべきかを考える場合、実は、これまで述べてきたようなジョブ型、メンバーシップ型の定義は使いにくい。たとえて言うならば、同じ「山」を登る（日本の雇用システムを客観的に鳥瞰し、必要な変化の方向性を考える）にも、異なる「登山道の入口」（定義）を選んだほうが目標を達成しやすいと考えている。その意味で、筆者が主に使ってきた定義を次に述べてみたい。

前掲の濱口氏のジョブ型・メンバーシップ契約の定義は、雇用契約に職務が明記されているか否かに着目したものであった。しかし、日本の通常の正社員の場合、雇用契約に明記されていないのは、単に職務だけではない。勤務地、労働時間も明記されていないという認識が重要だ。順番にみていこう。

日本の場合、大企業に入社したら、最初の勤務地のまま定年まで迎えることは想定されていないのが普通だ。当然、将来転勤という形で勤務地の変更がありうるし、それを受け入れる必要があると認識されている。労働時間はもちろん、法定労働時間（8時間）があるわけだし、勤務時間は就業規則で定められている。

ここで、問題にしているのは時間外労働だ。将来の勤務日でいつ残業しなければならないか、休日出勤しなければならないかはもちろん事前にはわからないが、これも要請があれば、やはり受け入れる必要があると考えられている。これが日本の通常の正社員の「常識」であるし、「暗黙の了解」であり、それは転勤や時間外労働の拒否に関わる裁判の判例によっても担保されている。

このように考えると、日本の通常の正社員の特徴を考える場合、濱口氏の定義のポイントであった雇用契約における職務明記の有無だけでなく、勤務地、労働時間の要素も考慮することは、より実態に沿った定義といえる。

正社員については、欧米でも、日本でも、①契約期間は期間の定めのない無期雇用、②フルタイム勤務、③直接雇用（雇い主が指揮命令権を持つ）といった3つの特徴を有する社員と考えるのが標準的である。筆者は、こうした特徴に加え、勤務地、職務、労働時間が事前に限定されていないという「無限定性」が欧米諸国などと比べても顕著であるため、職務、勤務地、労働時間いずれも限定されていない正社員という意味で、「無限定正社員」と呼んでいる。[2]

通常のいわゆる正社員は、ここで指摘したように、将来の勤務地や職務の変更、残業を受け入れる義務があり、労働者側からは将来の転勤や職務の変更、さらに残業命令は断れないと理解されている。つまり、使用者側は人事上の幅広い裁量権を持つ。将来、職種、勤務地の変更、残業などの命令があれば基本的に受け入れなければならない。これは最高裁判例などでも明確に示されている。

一方、筆者は、無限定正社員の対立概念としてジョブ型正社員を上記の3つの要素（職務、勤務地、労働時間）のいずれかが限定された正社員として位置づけている。

ここで、注意する必要があるのは、「A and B and C」の否定は「Aでない or Bでない or Cでない」であることだ。Aを職務が限定されていない、Bが勤務地が限定されていない、Cが労働時間が限定されていない、を表すとすると、無限定正社員の否定（=それ以外のすべてのタイプの正社員）としてジョブ型正社員が定義されることである。職務、勤務地、労働時間のいずれかが限定されれば、ジョブ型正社員ということになる。

この定義は、あくまでも、日本の正社員の現状をより詳細にみたうえで、無限定正社員を基準にジョブ型を定義しており、無限定正社員以外の正社員はすべてジョブ型正社員となるため、ジョブ型正社員の範囲を広く扱っているといえる。

それでは、欧米のジョブ型雇用においては勤務地や労働時間の限定の有無はどうなっているであろうか。古典的なジョブ型では、職務が狭く、明確に定められていることから、勤務地、労働時間もそれに付随して、勤務地限定、時間外労働なしが前提だ。古典的なジョブ型では原則、異動の必要もないため、勤務地もおのずと限定されることになる。また、職務の限定で一日の仕事量の目安が決められ、それが変動することも基本的にないため、時間外労働なしがやはり想定されている。もちろん、例外的なケースがあるであろうが、勤務地、労働時間の限定がデフォルト（あらかじめ設定された基準）と考えてよいであろう。

現在の欧米諸国の状況をみても、米国、欧州、また、生産労働者（ブルーカラー）、事務管理労働者（ホワイトカラー）に限らず、ジョブ・ディスクリプション（履行すべき職務の内容、範囲）が明確であり、職務が限定された正社員が一般的であり、それに付随して勤務地限定、時間外労働なしがデフォルトとなっているとみられる。

一方、欧米諸国でも上級・ハイエンドの事務管理労働者（ホワイトカラー）、幹部候補生は、

2　鶴［2016, 2019］

日本の無限定正社員に近い働き方をしているようだ。欧米でもエリート層になると仕事の範囲も広くなり、残業もいとわず働くことが多い。一方、一般的な正社員は仕事の内容が明確に決まっており、家族との関係がより重視されるという規範のもとで、定時になれば帰宅し夕食を家族とともにするし、そもそも転勤は想定されていないのが普通である。

以上をまとめよう。欧米にみられるジョブ型正社員を勤務地、労働時間の限定の有無も含めて定義すると、上級・ハイエンドを除き、基本的には、職務、勤務地、労働時間いずれも限定された正社員であるといえる。一方、無限定正社員の裏として定義したジョブ型正社員は、職務、勤務地、労働時間いずれかが限定された正社員である。前者は「狭義ジョブ型正社員」(「and型」)、後者はそれを内包する「広義ジョブ型正社員」(「or型」)ということもできよう。実際、ジョブ型を提起した濱口氏自身は、勤務地や労働時間の限定有無を含めたジョブ型正社員についても言及しているが、狭義のジョブ型正社員(「and型」)の定義を採用していると考えられる。

一方、日本の通常の正社員を表すメンバーシップ型雇用、無限定正社員、どちらの呼称・定義においても職務、勤務地、労働時間がいずれも限定されていないことについての認識は変わらないと考えてよいであろう。メンバーシップ型契約の本質である「空白の石版」たる雇用契約は、まさに正社員の「無限定性」につながる。一見無関係にみえる無限定性とメンバーシップ型も、要は同じ側面を強調しているといえる。

図表１－１　正社員の類型化

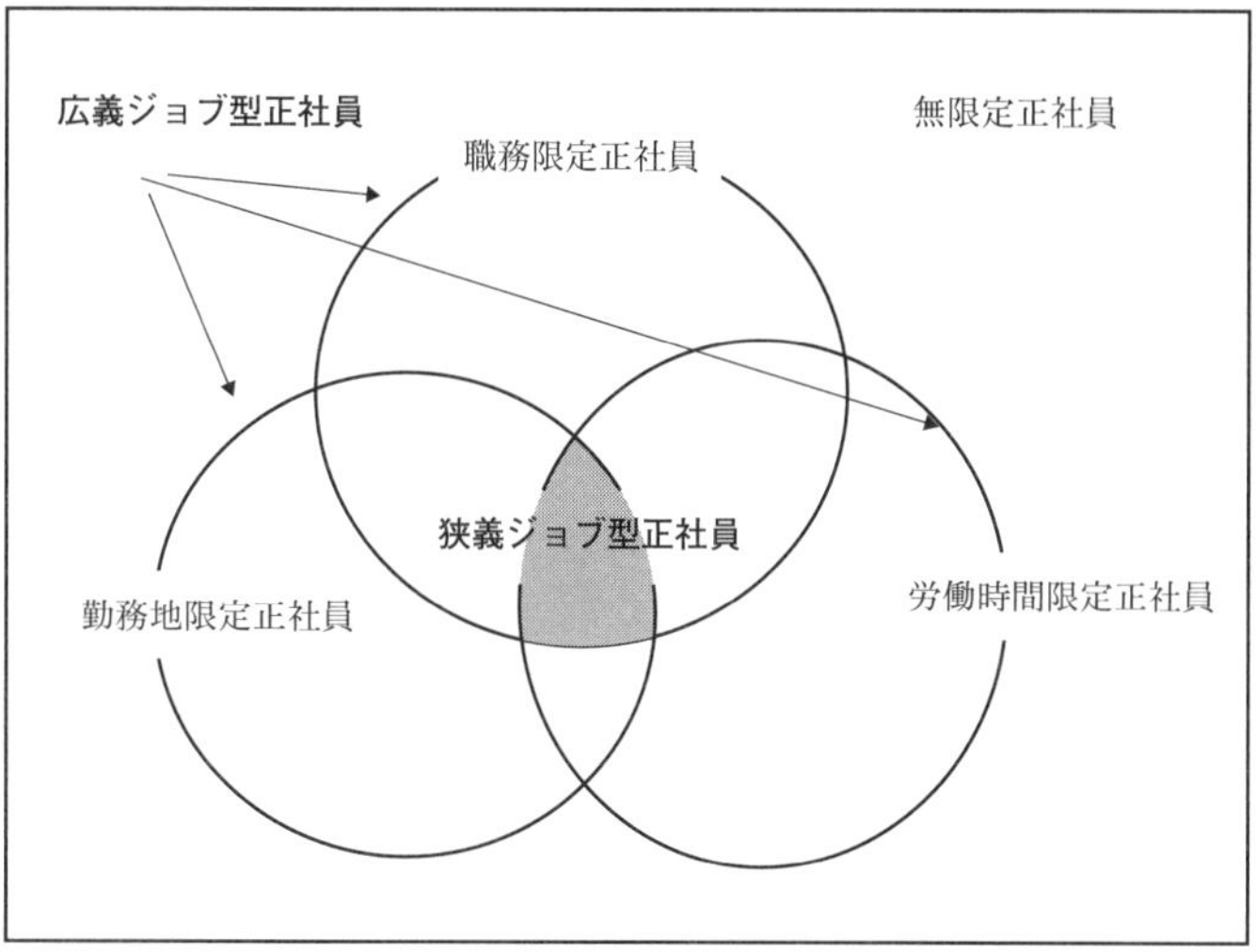

したがって、ジョブ型雇用について長年議論をしてきた有識者の間での定義の違いは、メンバーシップ型の定義の違いというよりも、ジョブ型という概念が狭義、広義のいずれの定義で使われているかによることに注意する必要がある。[3]

これを図式化すると、図表１－１のとおりである。職務限定、勤務地限定、労働時間限定の３つの円を合わせたのが、広義のジョブ型となる。それよりも外の部分は、３つの要素がいずれも限定されていない正社員であり、メンバーシップ型無限定正社員である。一方、３つの円が重なっている部分、つまり、３つの要素がいずれも限定

3　この点については、佐藤［2022］から示唆を受けた。

されているのが、狭義のジョブ型ということになる。これは欧米の通常の正社員の状況を示している。

なぜ、広義の定義を用いるのか

ここまで、やや細かい定義の違いを理解していただいた読者の方々のなかには、ジョブ＝職務であるので、ジョブ型という言葉を使う以上、あくまで職務が限定されていなければならないのではないかという疑問を持たれる方が多いと思われる。筆者自身、広義のジョブ型の定義を使用して書いた記事に対し、一般読者から、「ジョブ型雇用」に勤務地が限定された地域限定正社員も含まれるのはおかしいとの批判をいただいたこともある。

たしかに、広義のジョブ型正社員を議論するのであれば、3つの要素いずれかが限定されていることをストレートに示した「限定正社員」という表現のほうがよりその内容・本質を正しく表しており、誤解も少ないといえる。

実をいえば、かつては限定正社員という言い方もわりと広く用いられていた。実際、筆者も当初は限定正社員という用語を使っていた。だが、2013年当時、政府の規制改革会議の委員、雇用ワーキンググループ座長として無限定正社員の打破・改革を打ち出す際に限定正社員というネーミングを使うと、通常の正社員に比べて一段格下の正社員というイメージが出てしまうため、ジョブ型雇用、ジョブ型正社員という用語に統一していったという経緯がある。したがって、第一次ブームのときの議論や経緯を知らない方々が広義ジョブ型正社員の定義に違和感を持つのは、ある意味で当然かもしれない。

さまざまな呼称の乱立

政府のなかでも、かつての規制改革会議ではジョブ型という用語を使っていたが、厚生労働省は「多様な正社員」という用語を一貫して使っている。多様な正社員＝広義のジョブ型正社員であり、3つの要素のいずれかが限定されている正社員という意味だ。一方、無限定正社員に対しては、「いわゆる正社員」という言い方をしている。日本で通常、正社員といわれている人を指すという意味だ。「多様な正社員」を具体的に記述する場合、職務限定正社員、勤務地限定正社員、労働時間限定正社員（短時間正社員または時間外労働なしの正社員）と分けた呼称を使っている。

このように厚労省の定義は筆者の定義と同じと判断されるが、「多様な正社員」「いわゆる正社員」は内容がイメージしにくいため、使いにくいし浸透していないというのが現状だ。

また、有識者によっては、限定正社員＝広義のジョブ型正社員を指す用語として独自の呼称を使う場合も多い。「制約社員」「ワーク・ライフ社員」（無限定正社員＝「ワーク・ワーク社員」）「准正社員」などがその例である。

有識者・学者の場合、独自性を出すために自身の考え方をほかとなるべく差別化しようとするため、異なる呼称を提案する傾向があることは否定できない。しかし、ある概念が広く世の中に普及することを重視する立場からすれば、多様な呼称や定義が乱立することは誤解を生む可能性もあるため必ずしも望ましくないだろう。結果として世の中で浸透し、広く使われるようになったのは、ジョブ型という呼称であったといえる。

それでは、ジョブ型雇用という場合、広義・狭義どちらの定義を使うべきであろうか。前述したようにいずれの定義でも、日本や欧米の雇用を正しく捉えて理解することに支障があるわけではない。ただ、狭義ジョブ型の定義の場合、対立概念のメンバーシップ型は3つの要素がすべて限定されていない正社員を指すことになる。狭義ジョブ型は3つがすべて限定されているので、それ以外に属する正社員、たとえば、職務や労働時間は限定されていないが勤務地が限定されているような正社員はジョブ型にもメンバーシップ型にも分類されず抜け落ちてしまうという問題が生じる。

一方、広義ジョブ型の定義においては、メンバーシップ型無限定正社員という枠組みから少しでも変われば、それはジョブ型正社員ということになる。今の日本の正社員の現状を当たり前と思ってしまっている日本人の場合は、無限定正社員を基準にスタートし、そこから異なる正社員を考えたほうが理解しやすいだろう。また、現状の正社員の状況を少しでも変えていこうとする立場からは、そうした正社員の形態を含めることのできる広義ジョブ型正社員＝限定正社員のほうが議論しやすいと思われる。

一方、濱口氏の狭義ジョブ型の定義の場合、現在の欧米の現状はまさに狭義ジョブ型であるため、欧米の現状を理解し、そこから議論をスタートさせるには適切であろう。現在の日本の正社員の異質性がより際立つような議論の入り方ともいえる。ただし、ジョブ型雇用を狭義の定義で捉えると、日本にジョブ型雇用を導入すべきという議論は格段にハードルが上がってしまうことには、注意が必要だ。3つの要素がすべて限定されていない状況から、すべて限定される状況に変更しなければならないからだ。

また、3つの要素全部ではなくとも、そのなかで最も重要な職務を限定しさえすれば日本の雇用・人事システムは良くなる、という考え方にも問題がある。後述するように、現在の欧米の状況をみると職務の限定性の有無だけで本質的な違いを見出すことは難しくなっているためだ。狭義のジョブ型が現在の欧米の正社員の姿を示す一つのプロトタイプとしても、日本が欧米とまったく同じ雇用の仕組みにならなければならないと考えている人は少数派であろうし、筆者もそれには反対だ。

結局、狭義ジョブ型の定義を採用すれば、「ここが変だよ、ニッポンの雇用」という観点で縦横無尽に議論を展開できるが、そこを超えた議論、つまり、「それでは日本の雇用はどうすればよいのか」という議論がやりにくくなってしまうだろう。

限定社員の起源

先にも紹介したように、ジョブ型・メンバーシップ型という概念を使って欧米と日本の雇用システムの違いを初めて明快に論じたのは、まぎれもなく濱口桂一郎氏の２００９年の著作である。ただし、濱口氏も「言葉自体は私がつくりあげたものですが、その基本的な考え方は多くの労働研究者が練り上げてきたもの」と認め、その一例として、通常は必要な職務に人を張り付けるのだが日本はそうなっていないことを指摘した労働省ＯＢの１９８０年の著作を引用している。ただ、そこにおける整理は、実態を正確に捉えつつも概念的な整理が中心であったといえる。

一方、広義ジョブ型正社員＝限定正社員に関する議論は、実は、２０００年代初めから民間研究所や厚労省の研究会ですでに提起されていたことは注目に値する。佐藤博樹氏（中央大学）を中心とするグループは、１９９０年代に正社員と非正社員の二極化が極端に進むなかでワークライフバランスの視点からも正社員のなかでも雇用形態の多様化が必要であるし、個別の企業の事例をみてもそのような動きが出てきていることを報告している。

つまり、狭義ジョブ型とメンバーシップ型の定義から抜け落ちてしまうような正社員のカテゴリーが登場していること、また、そのような雇用形態を政策面からも後押しする必要があることが認識されてきたのである。当時の研究会の報告書や佐藤氏らの研究論文をみれば、日本の正社員が３つの要素が限定されていない無限定正社員であり、その状況を変える必要性への認識が明確になされていたことがわかる。このように広義ジョブ型に関する議論は、狭義ジョブ型よりも10年ほど前からすでに本格的に行われていたといえよう。

こうした日本の正社員の特異性として「空白の石版（雇用契約）」＝「無限定性」という指摘は、労働研究者といっても佐藤氏にみられるように社会学、経営学系、また、濱口氏のような官僚出身の法学系研究者らによって文字どおり練り上げられてきたものである。経済学の分野では完全に死角になっていたように思われる。日本的雇用といえば、後述するように、長期雇用、後払い型賃金（年功賃金）、遅い昇進（さらには企業別労働組合）といった要素が、経済学では研究対象として強調されてきた。

欧米に比べて異動・配置転換が頻繁にあり、人事も人事部によって中央主権的に行われているという認識は、経済学の枠組みでも意識され、企業内の情報、コーディネーション・システムと関連づける研究は行われてきた。だが、経済学はもともと欧米の経済を下敷きに理論化、抽象化していくことで発展してきたので、欧米ではそもそも想定外の「無限定性」という概念は経済学に取り込みようがなかったといっても過言ではないだろう。

3　ジョブ型正社員の現状・評価

それでは、ジョブ型正社員は日本企業でどの程度普及しているのであろうか。まず、その現状・評価についてみてみよう。労働政策研究・研修機構の2017年の調査によれば、中小企業を含めた常用雇用10人以上の企業、9639社を対象に調査を行ったところ、なんらかのジョブ型正社員の区分がある企業の割合は26・8％であった。規模別でみると、中小企業（300人未満）では24・8％であったが、1000人以上の大企業では53・4％となっている。1000人以上の大企業では、職種・職務・職域が限定されているのが37・9％、勤務地が限定されているのが39・5％、労働時間が限定されているのが25・1％となっている。

同じく労働政策研究・研修機構の2018年の調査では、従業員100人以上の企業を対象にし、2260社（企業調査）とその企業に勤める正社員、1万2355人（従業員調査）からアンケート調査の回答を得た。調査企業のなかで20・4％の企業においてジョブ型正社員がいると回答し、また、調査対象正社員の7・1％がジョブ型正社員であると回答している。

ジョブ型正社員がいる企業（462社）のなかでは、職務が限定されている割合が39・2％、勤務地が限定されている割合が82・7％、所定内労働時間が限定されている割合が28・1％、残業が制限されている割合は9・5％となっている。また、ジョブ型正社員と答えた従業員（876人）のなかでは、職務が限定されている割合が47・9％、勤務地が限定されている割合が65・0％、所定内労働時間が限定されている割合が9・6％、残業が制限されている割合は15・4％となっている。

以上の調査をまとめると、ジョブ型正社員の3つの限定性（職務、勤務地、労働時間）のなかでは、勤務地限定がメインであり、労働時間限定の割合は低いといえるが、職務限定のプレゼンスも大企業を中心に高まっていることが着目される。

満足度が高いジョブ型正社員という働き方

それでは働き手からみたジョブ型正社員の評価はどうであろうか。筆者らは経済産業研究所（ＲＩＥＴＩ）「平成26年度正社員・非正社員の多様な働き方と意識に関する調査」において、無限定正社員、ジョブ型正社員、契約社員などそれぞれ２０００人規模のサンプルを用いて働き方やその満足度について比較を行った。その結果は以下のようにまとめることができる。

第一は、ジョブ型正社員は無限定正社員に比べ労働時間が短いことである。ジョブ型正社員は、週の平均労働時間が43・３時間であり、無限定正社員47・３時間に比べて労働時間が短い。職務限定、勤務地限定などの働き方の限定の仕方にかかわらず、労働時間が短いのが特徴だ。残業なしの正社員は同41・２時間とさらに短くなっている。

第二は、ジョブ型正社員は無限定正社員に比べ、賃金は若干低いものの、賃金に対する満足度は無限定正社員とあまり変わらないことである。たとえば、ジョブ型正社員の賃金（年収）は無限定正社員の96％程度だが、賃金の満足度はジョブ型正社員では満足・やや満足の合計は44・１％、いわゆる正社員では同43・３％とほとんど変わらない。

第三は、仕事に関する満足度、ストレス、不満などをみると、ジョブ型正社員のほうが無限定正社員よりも満足度が高く、ストレスは低く、その傾向は労働時間が限定された労働時間短縮、残業なしのタイプの正社員においてより顕著であることだ。このように総じてジョブ型正社員であれば満足度は比較的に高く、不満は少ないといえる。

企業側からみたジョブ型正社員の導入効果

一方、企業からみたジョブ型正社員の評価はどうであろうか。労働政策研究・研修機構の2018年の調査では、ジョブ型正社員を導入している企業（462社）に過去5年間でジョブ型正社員を導入した効果を質問している。最も肯定的な回答の割合が高いのは、人材の定着率が高まった（54・7%）で、後に、社員のワークライフバランスが向上した（49・7%）、人材の採用がしやすくなった（48・9%）、社員のモチベーションが上がった（35・9%）、社員の労働生産性が向上した（34・2%）、社員の専門性が向上した（30・1%）が続いている。

上位4つの項目については、ジョブ型正社員のなかでも所定内労働時間が短縮されていたり、残業が制限されている労働時間限定型において特に高くなっていることが注目される。たとえば、人材の定着率では所定内労働時間が短縮されているタイプでは65・6%が肯定的に答えている。前述のとおり、ジョブ型正社員のなかでも満足度を高める効果は大きい働き方といえる。

一方、専門性や労働生産性の向上という点では、職務が限定されているタイプでの割合が高くなっており（労働生産性向上では職務限定のタイプの42・5%が肯定的に回答）、職務限定型の働き方がプロ型として機能していることを示唆する結果といえる。

4　欧米におけるジョブ型の現在を探る

職務の限定が問題なのか

先に触れた佐藤氏は、昨今のジョブ型・メンバーシップ型の議論に対し、有識者間の定義の違いにも触れながら、理念型の整理と実態の整理とでは分けて考えたほうがよいと主張している。その理由のひとつが、現在の欧米と日本との実態面での差異という点からみると、欧米諸国と日本の正社員の仕組みの違いを単純に職務の範囲や幅の広さの違いに求めるのは適切ではないからだ。

欧米諸国でも職務を狭く定義するという古典的なジョブ型から正社員の職務の幅を広げて環境変化への柔軟性を高めるような「ブロードバンド化」（仕事の幅とそれに対応する賃金のレンジを広げるやり方）が推進されてきている。限定されているか限定されていないかについては、当然グレーゾーンも存在しうる。

ジョブ型の本質は採用・異動にあり

それでは、実態面の比較から明らかになる本質的な差異は何であろうか。筆者は、むしろ採用や異動などの人事管理に本質的な違いがあると考える。佐藤氏がとりまとめに関わった三菱ＵＦＪリサーチ＆コンサルティングの２０１４年の報告書（『諸外国の働き方に関する調査報告書』）は、米国、オランダ、ドイツ、フランスの４カ国調査にもとづき、これらの欧米諸国の雇用制度が実際に、どの程度ジョブ型であるかより詳細に検討を行い、以下のような特徴を指摘している。

・経験者の中途採用が主で、新卒採用を行っている企業でも新卒採用者の比率は低い。欠員が生じた際に、職務内容を提示して当該職務の経験者を中途採用することが一般的
・採用や社内公募の際に職務内容や勤務地などの明示が必要となるため職務記述書が存在
・採用後における昇進や異動は、企業の人事権によって一方的に行われるものではなく、社内公募が一般的。従業員が公募にエントリーしないかぎり異動はない。会社側から異動を従業員に提示する場合であっても、その異動が実現するためには、従業員の同意が前提。また、勤務地の変更も昇進や異動の結果であるため従業員の同意が必要
・ホワイトカラーの場合は、職務をスキルレベルなどに応じてランク付けし、それをいくつかの職務等級にまとめてランク化し、その職務等級に応じて賃率が決まる賃金制度が一般的

要約すると、職務内容を明記した採用、社内公募が主となる採用後の異動、従業員の同意が前提の異動・転勤、職務にリンクした賃金制度、といった特徴が指摘できる。つまり、ジョブ

型は採用・異動も社外・社内問わず、要は公募と考えれば理解しやすい。

一方、採用や社内異動に際して職務内容は明示されているものの、実際に担当する具体的な業務は、上司の指示によって柔軟に変更可能であるなど、必ずしも限定的でないことを上記報告書は強調している。一方、日本の無限定正社員システムにおいては、職務内容が限定されていない採用、人事部主導の中央集権的な異動、義務的な受け入れを求められる異動・転勤、職務遂行能力にリンクした（結果的に年齢・勤続年数に依存する）賃金制度（職能賃金制度）、というように特徴をまとめることができる。

米国は日本型をめざす？

先にジョブ型雇用の欧米でも、職務の幅を広げるような「ブロードバンド化」が進展してきていることを指摘したが、これは言い換えれば、メンバーシップ型、つまり、日本型に近づく動きとも評価できる。古典的ジョブ型が抱える問題点を克服していこうとすると、そのような改革の方向性になるのは自然であろう。

実は、米国企業は1980年代以降大きな環境変化に直面して、日本の状況を学びながら人事（HRM：Human Relation Management）施策を変化させてきたことが知られている。大きな論点になっているのが、「伝統的HRM施策群vs革新的HRM施策群」という視点だ。[4]

「伝統的HRM施策群」とは1980年代以前、米国で典型的にみられたHRM施策群で、古典的なジョブ型雇用と考えて差し支えない。仕事の幅は狭く定義され、賃金は職務給で成果とはほとんど連関せず、人事異動もないのが通例だ。そもそも職務遂行のためのスキル保有が前提であるため、正式なオンザジョブトレーニング（ＯＪＴ）はほとんどない。また、徹底した分業を根本とする仕組みであるため従業員間の情報共有の度合いは非常に低く、その意味でチームという発想もない。景気が悪くなればレイオフで人員調整することになる。

一方、「革新的ＨＲＭ施策群」は、高パフォーマンス志向施策とも呼ばれ、従業員のスキルや情報共有を高めることを意図しており、自主的・問題解決型チーム（ＱＣサークルなど）、人事異動、採用選抜強化、オンザジョブで多様な職務に対応可能な訓練などを導入・活用するとともに、成果にもとづいたインセンティブ（誘因）給や雇用保障を強化することを主な内容にしている（図表１－２参照）。

米国企業、特に製造業を中心に革新的ＨＲＭ施策群が１９８０～90年代に普及していく契機になったのは、自動車産業を中心とした日本の製造業の大躍進だ。米国企業はジャストインタイムなどを含めた日本のリーン生産方式の背景に、このような一連のＨＲＭ施策があることを学んだ。ただし日本のやり方を単に模倣するのではなく、彼らなりに概念・理論化して採用していったことにしたたかさを感じざるをえない。

実際、米国の鉄鋼業の生産ラインのＨＲＭ施策とその影響について分析したある研究[5]は、革新的ＨＲＭ施策群を多く実施している生産ラインほど、生産性や品質が高いことを見出した。

図表1－2　革新的HRM施策群の例

1　インセンティブ給
- 従業員利益分配制度
- 生産ラインでのシフトや品質向上に資するインセンティブ給

2　採用・選抜
- 高度な専攻（協力的なチーム環境を生むために必要な個人資質の審査など）

3　チームワーク
- 問題解決型チームへの（複数）参加
- チーム参加を義務づける正式な制度

4　雇用保障
- 長期雇用へのコミットメント

5　柔軟な職務割当
- 人事異動の実施

6　スキル向上のための訓練
- オンザジョブトレーニングの実施

7　コミュニケーション
- 自社情報の共有
- 成果・品質向上に向けたマネジャーと従業員との面談

（出所）C, Ichniowskiらの一連の研究にもとづき筆者が要約

（注）鶴光太郎「その働き方、本当に新しい？」『日本経済新聞』2021年1月12日付朝刊経済教室（エコノミクストレンド）より引用

特に個々の施策ではなく、上記の施策をまとめて実施したほうが効果は大きいという意味で、革新的HRM施策群のそれぞれの施策には強い補完性があることが明らかにされた。また、まとめて実施することで、収益にも好影響があった。

　このように企業へのメリットが明らかにされた革新的HRM施策群だが、その普及は必ずしも一様ではなく、新設、

4　Waldman [2012]

5　Ichniowski, Shaw and Prennushi [1997]

または経営が変わって再始動した工場や、より複雑な生産工程で多く採用されていることがわかっている。同様のメリットは他の製造業や他国の分析でも得られている。一方、サービス業を対象とする分析はわずかしかないが、やはり、こうした革新的HRM施策群が企業の売上高成長率を高めるという研究もある。

革新的HRM施策群は、典型的な日本の大企業（製造業）のHRM施策に由来するものであるが、そこに日本企業にとって異質といえる施策が一つ入っている。それは成果にもとづくインセンティブ給の導入である。なぜ、この施策が他の施策といっしょに導入される必要があったのか。

たとえば、問題解決型チームは、生産工程の現場で従業員同士が自発的に取り組むことを前提としている。しかし、古典的なジョブ型の世界をかなり単純化していえば、従業員は上司や経営陣が指令して動く「コマ」にすぎない。このため、現場に近い従業員が自発的に動くためには、意思決定権限の下部委譲（エンパワーメント）が必要となる。

一方、権限が委譲され、それなりの責任を負うことになるのであれば、それを受け入れる従業員に対しインセンティブを付与する必要が生じる。このため、成果にもとづいたインセンティブ給という発想が出てくることになる。また、チームワークを促進するために、グループ全体の成果で評価するようなグループインセンティブ給も、広く採用されるようになった。

このようにみると、米国企業が日本から学ぶ場合、すべてそのまま受け入れるのではなく、かなり巧妙に取捨選択をしていることがわかる。日本企業の場合、チームワークを促進するためにそもそも権限の下部委譲やインセンティブ給の仕組みを導入する必要はない。なぜなら、企業のメンバーになるというメンバーシップ制自体に、綿密な情報共有とチームワーク志向が内在しているからだ。

米国企業はこうしたチームワークを導入する際に、日本のような長期雇用・後払い型賃金という特色を持つメンバーシップ型雇用を導入しようとは考えていない。随意雇用（解雇自由）の原則が厳然としてあるためだ。それでは、革新的HRM施策群の一つとして挙げられている雇用保障の強化はどうやって達成するのかという疑問が湧いてくる。一つの解釈としては、企業内の訓練を重視し、従業員のスキルを高めることにコミットしたり、グループインセンティブ給を導入したりすることで、従業員の定着度が高まることが期待されていると考えられる。

ジョブ型の米国、メンバーシップ型の日本、いずれもそれぞれの環境変化のなかで課題を乗り越えていくためには、意図する・せざるにかかわらず、相手国の仕組みの良い部分を取り入れることは自然であるし、その流れは今後も続くであろう。しかし、双方がある一定の仕組みに向けて収斂していくというわけではない。

なぜなら、ジョブ型、メンバーシップ型いずれも、あらゆる環境で片方よりも優れているわけではないからだ。それぞれメリット、デメリットがあり、どちらが発揮されやすいかはマクロ環境、産業・企業の特性にも依存するだろう。その意味で、雇用に限らず、経済システムはより良い方向をめざして変化し続けるものである。ジョブ型、メンバーシップ型に限らず単純な二分法・二元論で固定的に捉えるべきではないだろう。

5 ジョブ型に関する誤解

以上がジョブ型・メンバーシップ型雇用を正しく理解するための「キホンのキ」である。しかし、2021年来の第二次ジョブ型雇用ブームのなかで、有識者の細かい定義の違いなどを超えて根本的なところでジョブ型雇用が必ずしも正しく理解されず、誤解がかなり氾濫する状況にある。ここでは、いくつかの典型的な誤解を取り上げて、それを解きほぐしてみたい。

まず、典型的な誤解として最初に挙げるべきは、定義に関する誤解である。具体的には、ジョブ型の対義語をメンバーシップ型とするのは濱口氏の定義と同じであるが、メンバーシップ型雇用を日本的雇用システム全般を示す用語と大きく捉えてしまう誤解である。つまり、日本的雇用システムの同意語としてしまう誤りである。

メンバーシップ型というと、通常、メンバーの固定性が思い浮かぶのではないか。そのような連想が、新卒一括採用・終身雇用・労働市場の流動性の低さという日本的雇用システムの特徴とぴったり重なるため、メンバーシップ型=日本的雇用システムと大雑把に捉えられやすいのだ。

しかし、これでは、日本的雇用システムにはないさまざまな特徴についてすべてジョブ型のレッテルを貼ることができてしまう。解雇自由しかり、成果主義しかりだ。いってみれば、ジョブ型という言葉を使う人によっていくらでも新しい定義が可能となるのだ。「ジョブ型＝米国のハイエンドのオフィスワーカーの働き方」をイメージしたいのかもしれない。しかし、上記のジョブ型雇用の本来の定義からは、解雇自由や成果主義は出てこない。以下で詳しくみてみよう。

ジョブ型雇用は解雇自由という誤解

たしかに、ジョブ型雇用の場合、その職務や勤務先事業所がなくなれば、無限定正社員に比べ、解雇の可能性が高まることは否定できない。無限定正社員のように配置転換をしてまで解雇回避努力を行うことは必ずしも要求されないと考えられるからだ。

しかし、ジョブ型である大陸欧州の場合は、日本同様、解雇が有効であるかどうかは、法律で客観的な合理性と社会的な相当性を問うという原則が示されるなかで個々のケースは裁判で争われるという仕組みとなっており、解雇規制自体をみれば日本よりも強い国も多い。解雇自由である米国がかなり特異であるのだ。「ジョブ型雇用は解雇がしやすい」というのは、大陸欧州をみれば誤りであることがわかる。「日本型雇用システムは時代遅れであり、米国型がすばらしい」と主張したい論者にうまくジョブ型雇用が利用されているともいえる。

ジョブ型は成果主義という誤解

第二の誤解は、「ジョブ型雇用は成果主義」という誤解である。これは前述のとおり定義に関する誤解のなかに含まれるが、誤解というよりも意図的な狙いも透けてみえる。まず、ジョブ型においては基本的に職務が賃金に結びついており、その仕組みのなかには成果で賃金が変わるというメカニズムは内在していない。ジョブ型とは別の次元で考えるべきであろう。

欧米のハイエンドのホワイトカラーは、むしろ、日本の無限定正社員に近いと考えたほうがよいことはすでに述べた。日本との大きな違いは、彼らには成果主義が適用されている場合が多いことだ。また、ジョブ型には成果主義の要素が元来ないため、権限の委譲を通じて成果主義を導入するような動きが米国で広がってきたという動きも紹介した。十把一絡げに捉えてはいけないことがわかるだろう。成果主義そのものの考え方は第3章で詳述する予定だ。

筆者が意図的と感じるのは、ジョブ型を企業に売り込む側がジョブ型を成果主義の隠れ蓑にしたいという下心を感じるためだ。日本においても大企業を中心に、1990年代末~2000年代半ばにおいて成果主義ブームが生じたが、企業は単に人件費を削減したいという下心がみえてしまったため、企業と従業員との間の長期的な信頼関係・コミットメントを低下させるという弊害が出てしまい、ブームがしぼんだという経緯がある。成果主義への売り込み文句としてジョブ型が使われたと考えればわかりやすい。

また、前述の「米国礼賛者」はとにもかくにも成果主義が好きであることも見逃せない。労働時間規制の適用除外を広げ、時間によらない多様で柔軟な働き方をもともとめざしていた「高度プロフェッショナル制度」を「労働時間ではなく成果で評価する仕組み」と喧伝していたマスメディアや論者と同じ匂いを感じてしまう。企業側もジョブ型が「形を変えた成果主義」にとどまるのであれば、その成功はおぼつかないであろう。

テレワークはジョブ型が必要という誤解

コロナ下で働き方の最も大きな変化は、在宅勤務を中心としたテレワークの利用の急上昇であることはいうまでもない。そのなかで、にわかにジョブ型雇用が注目されるようになったことはすでに序章でも述べたとおりだ。

テレワークの課題として、現在の雇用管理制度がテレワークと適合せず、制度・仕組みなどを変えなければならないという議論を聞くことが多い。具体的には、テレワークを推進するためにはジョブ型雇用にしなければならないとか、評価方式を変えて成果主義にしなければならないという論調だ。しかし、これも大きな誤解であるし、「時代錯誤」の議論である。

たしかに、ＩＣＴ革命以前の時代（１９８０年代まで）においては、前述のように他者とのコーディネーションが少なく、自己完結的で、成果が事後的に測りやすい仕事でなければテレワークは難しかったといえる。

しかし、第7章で詳述するように、ビデオ会議やバーチャル・オフィスを活用し工夫を重ねれば、現在の職場をデスクトップ上で「複製」、つまり「再現」することはほぼ可能である。職場が再現できれば、これまでの雇用管理・人事制度を変える必要がないことは明らかであろう。これも、人事・雇用管理に不安を持つ企業につけこみ、ジョブ型雇用を押し売りするための主張だ。

読者のなかには、職場における対面とパソコンの画面を通した仮想空間とでは大きな違いがあるし、現に、在宅勤務をやっても職場のようにはうまくいかない例はごまんとあるのではないかという方も多いであろう。もちろん後述のように、ジョブ型雇用とテレワークはもともと親和性が高いことは事実であるし、ジョブ型雇用の推進は日本の雇用システムの最重要課題といってもよい。しかし、重要なのは、テレワーク推進の要件とすべきではなく、切り離して議論すべきであるということだ。

筆者が問題視するのは、ジョブ型雇用や成果主義への移行が難しいことを逆手にとり、テレワークができない言い訳にする主張もあることだ。現在の雇用システムでも、新たなテクノロジーの徹底活用で上記で懸念されている問題を解決することで「日本型テレワーク」は十分可能であることを強調しておきたい。

「職務記述書があるのがジョブ型雇用」という誤解

上記の誤解以外には、「職務記述書があるのがジョブ型雇用」という誤解もよく聞くところだ。メンバーシップ型雇用であっても、従業員はある時点では特定の職についているわけであるから、職務記述書があってもおかしくないわけだし、メンバーシップ型雇用でも職務記述書は有用でありうると考えられる。

欧米のジョブ型（職務限定型）の場合、採用・異動は前述のように社内、社外問わず公募だから、その職務内容や求められるスキルを明記した職務記述書がどうしても必要となる。公募を行わないのに職務記述書を導入しても、それはジョブ型とはいえない。職務記述書の有無が本質的な差異ではないことを、十分理解する必要があろう。

しかし、雇用契約に職務を書き込んだり、社内公募を実施するのは、人事にとってもハードルが高く、面倒だ。「空白の石版」という柔軟性・自由度は維持しつつ職務記述書を導入して、なんとか職務をより限定・明確化させたいという人事側の要望や人事コンサル業界の売り込みも根強いものがあるようだ。

だが、職務記述書を導入しただけの「なんちゃってジョブ型」には契約という根拠がない分、企業側・従業員側双方のコミットメントが弱くなり、いくらでも内容を書き替えることができるなど、恣意的な運用を生み、その実効性を担保することは難しいであろう。

なぜ誤解が氾濫するのか

それでは、なぜ、このような誤解が氾濫するのか。ジョブ型雇用の本来の定義が十分理解できていないということももちろんあるかもしれないが、むしろ意図的に誤解をしているのではないかと思うことも多い。

筆者は、コロナ後出版されたジョブ型という単語を含むタイトルの本やネットのジョブ型紹介記事に対していくつか目を通してみたが、以下のような特徴を感じた。第一は、ジョブ型の定義に関する記述は一言触れる程度であまり十分な説明がないことだ。第二は、ジョブ型雇用に関する議論は、濱口氏の定義や経団連の議論に触れる程度で、これまでのアカデミックな議論や政府における議論の紹介はほとんどないことだ。当然、第一次ブームに関する記述もほとんど見当たらない。

一つの解釈は、筆者がこれまで説明してきた、ジョブ型雇用の本来の定義とか蓄積された議論を意図的に無視して、人事コンサル業界が自分たちの売り込みたい人事施策に世間で話題の「ジョブ型」という看板を付けて売り込んでいるのではないかということだ。ジョブ型雇用をなるべく、「見栄えよく、キラキラしてカッコいい」イメージで語りたいのであれば、ジョブ型本来の定義やこれまでの議論は無用の長物である。当然そこには意図的に言及したくはないであろう。

あるジョブ型の書籍では、わざわざ濱口氏の定義とは異なっていると断ったうえで「ジョブを介した会社と個人の労働力の市場取引」とジョブ型雇用を定義している。重点があるのは明らかに市場取引というワードだ。

その考え方やそこからの議論の展開については共感できる部分もかなり多く、売り込みたい人事施策を批判するつもりは毛頭ない。しかし、自分たちが主張したいことをジョブ型雇用という名を借りて示すため、その出発点としてのジョブ型雇用の定義を書き換えている例であることは否めない。

もちろん、定義を明確にしておけば、その用語を使って自由に議論を展開することはもちろん何の問題もないし、コンサル業界の売り込み戦略とすればごく普通のやり方であろう。しかし、ジョブ型雇用の普及をめざして何年も地に足のついた調査分析を行い、政府、経営団体、労働団体とも丹念な議論を重ねてきた筆者からみれば、ジョブ型雇用が「ひいきの引き倒し」になっていることはたいへん残念に思える。

ジョブ型雇用は、分業を前提とした近代工業社会における働き方の原点であり、原始的・古典的・教科書的な存在である。どちらかといえば、古臭く、杓子定規で融通が利かないというイメージのほうが強い。また、「決められた仕事だけやり、定時になればさっさと帰ってしまう」というのもジョブ型労働者の典型的行動パターンだ。採用・異動を考えれば、日本企業にとっては途方もなく「面倒くさい」仕組みでもある。したがって、筆者からみれば、ジョブ型に「キラキラしてカッコいい」イメージは残念ながらほとんどない。

それでもジョブ型雇用が雇用改革の「一丁目一番地」と考えているのは、メリットも多くあったメンバーシップを重んじる無限定正社員システムが行き過ぎてしまい、時代の変化とともに負の部分が大きくなってしまったからだ。女性や家族、私生活を犠牲にしてきた長時間労働や転勤、他律的なキャリアによる転職の難しさなどはその一例である。第5章で詳述するように、ジョブ型の問題点をむしろ克服し、ジョブ型雇用への移行戦略を実現することが求められているのである。これについては、第6章でさらに検討したい。

第2章

日本の雇用システム

欧米システムとの本質的な違い

1　雇用システムの客観的・大局的理解に必要な基本認識

十分共有されていない「常識」

第1章では、日本のメンバーシップ型無限定正社員システムと日本以外のジョブ型限定正社員システムの違いについて、定義からさかのぼって、詳しく解説するとともにジョブ型雇用に関する多くの誤解をみてきた。こうした誤解はかなりの程度、意図的なものもあることがわかった。そうした誤解、曲解が生まれるより根源的な背景としては、日本の雇用システムを理論的・実証的・歴史的・国際的な観点から、正確に相対化し、客観的かつ大局的に捉えきれていないことがあるのではないかと感じることが多い。

日本型または日本的な雇用システムが経済学的なバックボーンを持って議論されるようになったのは、1980年代後半以降である。1980年代末期、日本の雇用システムが国際競争力の源泉と称賛されて後、バブル崩壊以降は、一転、過労死を引き起こす会社人間を生む仕組みとして批判にさらされてきた。筆者も含めてそうした時代の雰囲気・流れを肌で感じ、また、当時から調査研究を行ってきたある一定年代以上の研究者にとっては、分野を問わず、日本の雇用システムに対する大局的な理解が身についているように感じる。

一方、研究分野・テーマが細分化している最近の若手研究者とは、労働経済学が専門であったとしても大局観が必ずしも共有できていないと感じることが多い。もちろん、こうした実感は印象論の域を出ていないが、社名がたいていヨコ文字である人事コンサル業界に至っては、第1章で述べたように学界や政府での議論の積み重ねに対してあまり顧みないことも多く、共有はより難しいかもしれない。

したがって、ジョブ型、メンバーシップ型をめぐる誤解うんぬんよりも、それを包含する日本の雇用システムの「常識」が世間で十分共有されていないことが、より本質的な問題かもしれない。本章では、日本の雇用システムを理論的・実証的・歴史的・国際的な観点から、できるだけ客観的に相対化することで、その本質を共有することをめざしてみたい。

以下では、日本の雇用システムの特徴を議論する前に、こうしたシステム（経済システム全体を構成するサブ・システム、ほかに金融システム、企業間システムなど）を分析する際の基本的な認識について述べておきたい。

システムを分析する際の基本認識

第一に、システムの特徴といわれるものの多くは、雇用システムに限らず、絶対的な特徴ではなく、あくまでも相対的な特徴であり、程度の差を考えたほうがよいことだ。

たとえば、長期雇用は日本の雇用システムの特徴として真っ先に挙げられるが、後述するように平均勤続年数は大陸欧州諸国と同程度、あるいはわずかに上回る程度の違いしかなく、際立った特徴とまではいいきれない。

　また、この長期雇用とそれと並んで日本的雇用システムの2大要素の一つである後払い賃金（年功賃金）は、法律で明文化されて定められたものではないことにも注意が必要だ。外部からの強制ではなく、当事者たる労使の最適な戦略・行動の結果として自発的に生成した一種の秩序（比較制度分析でいうところの「ゲームの均衡」）と考えることが、適当だ。

　第二は、ある国の特徴といわれているものがその国全体をカバーしているわけではなく、同じ分野でも異なるシステムが併存していることがむしろ普通であることだ。一国のなかでみたときの傾向の強さを示したものと理解すべきだ。

　たとえば、わたしたちが思い浮かべる日本的雇用システム、特にメンバーシップ型無限定正社員システムは、大企業・正社員（特に男性）において主に成立しているシステムだ。中小企業では、大企業に比べ、日本的雇用システムの重要な要素である長期雇用や後払い賃金の傾向は弱いことが知られている。また、非正規社員はジョブ型雇用であり、メンバーシップ型の枠外だ。一方、欧米の場合は、基本的にジョブ型雇用であるが、ハイエンドの上級ホワイトカラーの場合、仕事の幅は広く、長時間労働も当たり前であるなど日本の無限定正社員に近い側面もある。

　第三は、特に、雇用システムの場合、欧米を区別せず十把一絡げに議論することは間違いであることだ。まず、大陸欧州と英語圏諸国を分けて考えることが重要だ。解雇規制（雇用保護の強さ）や長期雇用の程度（労働市場の流動性）は、両者で明確に異なる。

加えて、英語圏諸国のなかでも米国はかなり特異な存在である。なぜなら、解雇自由（随意雇用原則）が原則であるからであり、他の国にはみられない特徴だ。したがって、アウトライヤーである米国を基準に雇用システムを議論することは、かなり危ういといえる。日本に近いのは、ジョブ型という点は違うものの、長期雇用の傾向が強く、解雇の正当性は原則裁判で争われる大陸欧州諸国である。

第四は、システムの特徴は、時代によっても大きく変わりうるということだ。たとえば、第二次世界大戦以前は、日本の労働市場は職人が職場を渡り歩くのが普通で、かなり流動的であったことが知られている（一方、米国は現在よりもメンバーシップの色彩が強かった）。このように戦前と戦後では大きく変化しているのが実態だ。日本的な雇用システムも戦後の経済成長の過程で根づいてきたものであり、その完成は１９７０年代といわれている。

日本的雇用システムというと日本の固有の文化・社会形態（農耕民族、「イエ」の論理）で説明する向きもあるが、そうであればこうした雇用システムの変化は説明できないことに留意する必要があろう。

このように、雇用システムはむしろ変化すると考えるべきだが、１９９０年代以降、日本経済のキャッチアップ過程の終焉、バブル崩壊という大きな環境変化のなかで何が変わったのかについては実は誤解も多い。たとえば「終身雇用は崩壊した」と言われ続けてきたが、後述するように、データを見るかぎりは長期雇用の傾向に大きな変化はみられない。しかしながら、長期雇用とともに日本的雇用システムの2大要素の一つである後払い型賃金には弱まりがみられる。この間、非正規雇用はかなり拡大したが、正社員、なかんずく無限定正社員を取り巻く環境はさほど変化してこなかった。

以下では、1980～90年代初めに概ね確立された戦後の日本的雇用システムの経済学的解釈に沿って、日本的雇用システムの特徴とその変化および死角であった正社員の無限定性との関連について議論したい。

2 日本的雇用システムの3つの定型化された事実

戦後、大企業を中心に確立されてきた従来型の日本的雇用システムの特徴は、第一に長期雇用である。つまり、長期雇用の傾向が他の先進国に比べて強いことだ。第二は、後払い賃金である。年齢・賃金プロファイルの傾きが他の先進国に比べて急であり、「後払い賃金」の傾向が強いことである。第三は、遅い昇進である。大企業における昇進・選抜は他の先進国に比べて遅い(「遅い選抜・昇進」)。最初の15年程度は昇進・賃金であまり格差がなく、その後、選別が行われてきたこと、また、昇進は内部昇進の場合が多いといった特徴である。[1]

この3つの定型化された事実は、相互補完的な関係にある。たとえば、後払い賃金も遅い昇進もあくまで長期雇用を前提とした仕組みである。また、こうした特徴からさらに派生する特徴として、企業内の頻繁な異動や配置転換、部門間の密接かつ水平的コーディネーションが指摘されてきた。一方で、過労死に及ぶような長時間労働も、日本の雇用システムの生み出したデメリットとして認識されてきた。

長期雇用の特徴が強ければ雇用システムとしての柔軟性を失いやすいが、1980年代までは、非正規雇用の割合は少なく、主婦パート、学生アルバイトが大部分であり、雇用システムの柔軟性を担保しながらも、両者は補完的関係にあったといえる。産業別にみても、かつては、建設業や卸・小売り業が景気のバッファーとしての役目を果たし、景気に影響されやすい製造業における雇用変動を吸収する役目を果たしていた。

人事システムをみても、日本は配属先の上司が大きな権限を握る欧米諸国のような分権型と異なり、人事部が権限を握る中央集権型といわれ、そのなかで長期雇用を前提として新卒一括採用、定期的・同時的な異動、定年制という仕組みが築き上げられてきたと解釈されてきた。

---

1 鶴［2006］参照。

無限定正社員というレンズからみた日本の雇用システム

しかし、上記の議論のなかで日本の正社員に特徴的な無限定性という観点がすっぽりと抜け落ち、死角になっていたことは、第1章でもみたとおりである。無限定正社員という観点から日本の雇用システムの特徴をみると、以下のような解釈が可能である。これまで長期雇用の派生や帰結と捉えられた仕組みも、無限定正社員というレンズを通してみることでよりその特徴が鮮明となるといえる。

〈長期雇用〉

メンバーシップ型無限定正社員システムは、新卒採用における雇用契約は当該企業のメンバーシップを得る契約であるので、その時点で、長期雇用が前提にされているのは明らかだ。定年まで勤め上げるという意味でのいわゆる終身雇用が前提とされていたことは間違いない。白紙で人材を採用している以上、長期で雇わなければ企業としても採算がとれないのは明らかだ。

〈後払い賃金〉

欧米型のジョブ型正社員であれば職務で賃金が決定される職務給であるため、極端な後払い型の賃金システムは難しい。一方、これまで日本で一般的であった職能給（=年齢・勤続年数で能力は高まり続けることを前提）は無限定正社員システムだからこそ採用できたといえよう。

〈遅い昇進〉

遅い昇進も、大企業では新卒一括採用の総合職であれば誰でも社長をめざせる幻想を前提にしていたといえる。こうした幻想も無限定正社員だからこそ与えることができたといえる。欧米でも早く昇進する幹部候補生（ファスト・トラック）は無限定の色彩が強い。

〈頻繁な配置転換、水平的なコーディネーション〉

頻繁な配置転換、水平的なコーディネーションも無限定正社員を前提とした人事システムであるからこそ可能であったといえる。

〈企業別労働組合〉

企業別労働組合もメンバーシップ制、横断的な労働市場がないことの帰結として理解できる。無限定正社員システムとの関係からすれば、人事の裁量権の強さに対抗するための存在として理解することも可能だ。一方、労働組合の力が弱くなり、人事の裁量権の強さの問題点が顕在化しやすいのがブラック企業といえる。

〈家族システム〉

無限定な働き方ができるという意味で正社員は男性中心であり、女性が家事に専念するという家族単位の犠牲・協力が前提にあった。また、男性が一家の大黒柱として家族を養い続けなければならないという意味で賃金制度も生活給、後払い賃金が支持されてきたといえる。このように片働き・専業主婦という家族システムは、無限定正社員システムと強い制度的補完性を有し、まさに、それぞれが表と裏といえる。

〈解雇ルール〉

職務や勤務地が限定されていないということが、整理解雇四要件の一つである解雇回避努力義務につながり、解雇がしにくいのではないかというパーセプションを生む背景ともなった。

以上のように、日本の正社員は、①無期雇用、②無限定社員、③解雇ルール（解雇権濫用法理）、④家族システムが密接かつ強力な補完関係を形成してきたといえよう。こうした無限定正社員という仕組みが日本の雇用システムのなかで根づいてきたとすれば、そこには労使双方にとってメリットがあったからに違いない。

3 日本の雇用システムの変化

以下では、日本の雇用システムにおける、3つの特徴、定型化された事実である、長期雇用、後払い賃金、遅い昇進の実態およびその変化について具体的にみてみよう。

長期雇用の特徴とその変化

1990年代初めの主要国の平均勤続年数を比較すると、[2] 日本の勤続年数は10年程度と最も長く、英語圏諸国のそれよりは明らかに長い一方、大陸欧州の諸国とは大きな差はなく、勤続年数の最も長いグループを形成している。直近(2010年代半ば)の数字をみても、[3] 日本の勤続年数の長さはほとんど変わっておらず(むしろ微増)、主要国との関係も変わっていない。バブル崩壊後、四半世紀の時を経ても全体的な長期雇用の傾向は保たれていると考えられる。

2 OECD [1993] によれば、1990年代初めの主要国の平均勤続年数(雇用者、年、1991年時点)を比較すると、長い国から、日本(10・9)、ドイツ(10・4)、フランス(10・1)、英国(7・9)、カナダ(7・8)、米国(6・7)となっている。

3 労働政策研究・研修機構 [2018] によれば、直近の平均勤続年数(雇用者、年、2016年時点)は、日本(11・9)、ドイツ(10・7)、フランス(11・4)、英国(8・0)、米国(4・2)となっている。

このため、実態をさらに明らかにするためには、他の長期雇用の指標や雇用者の年齢別グループの差異をみていく必要がある。日本的雇用システム研究の嚆矢としては、1960年代から1970年代にかけての日米のデータを用いて、米国より日本のほうが長期雇用傾向は強いことを示した研究が有名である。[4]

1990年代のバブル崩壊以降は、経済低迷が継続するなかで、日本的雇用システムの維持は難しく、いわゆる終身雇用制は崩壊危機にあるのではという懸念が持たれるようになった。しかし、1980年代から2000年代初頭の政府統計を用いた実証研究では、むしろ、コアの中高年男性の長期雇用は安定していたことがいくつかの実証分析で指摘されてきた。[5]

一方、2000年代後半以降のデータを扱った研究では、長期雇用の枠組みに入っているグループにも変化の兆しがあることを示すものも出てきた。たとえば、無期雇用の男性一般労働者のなかでは大卒若年層において長期雇用が弱まっていることを示した研究、[6]若年でなく全世代で長期雇用が弱まる傾向を見出した研究[7]などである。しかしながら、2010年代初頭までのデータを使った研究でも、勤続年数の長いグループにおける長期雇用の安定性を示したものは存在している。[8]

これらの研究は2000年代の金融不況前後までのデータを用いたものであったが、2010年代半ばまでのデータを使った、最新の長期雇用の状況についての分析もある。[9]この分析では、世界経済危機の影響により30代に限り一時的に雇用の短期化がみられたが、その後、以前

の水準に戻るとともに、大企業では若年層においても長期雇用関係が強まるなど長期雇用の頑

4 Hashimoto and Raisian［1985,1992］は、就業構造基本調査のデータと米国のＣＰＳ（Current Population Survey）を用いて、同一企業に15年間在籍する確率である15年残存率や長期勤続者の割合が米国より日本のほうが高いことを示した。

5 Kato［2001］、Hashimoto and Raisian［1985,1992］の手法を利用し、１９７７年から97年の就業構造基本調査を用いて10年および15年残存率の推移を調べ、勤続５年以上の30—44歳までの労働者の残存率は80％と長期雇用傾向に変化がないことを示した。他方、30代未満、または、30代以上でも勤続年数５年以下のグループの定着率は明確に低下していることを見出した。Chuma［1998］は、１９８０年代から１９９０年代前半の賃金センサスデータを用いて、民営企業の無期雇用者を対象に15年残存率や終身雇用確率を推定し、中高年の男性社員においてむしろ長期勤続の傾向がより高まっていることを確認した。Ono［2010］は、１９８０年代後半から２０００年代初頭の賃金センサスや労働力調査を用いて、長期雇用のさまざまな指標（平均勤続年数の推移、長期雇用比率、残存率、サバイバルレートなど）の推移を検討し、同一企業である程度の勤続を重ねた労働者のなかでは長期雇用は維持されているが、長期雇用の対象者の比率は減少しており、長期雇用が適用される者とされない者との二極化が進行している可能性を指摘した。

6 Hamaaki et al.［2012］は、１９８９年から２００８年にかけての賃金センサスの個票データを使い、無期雇用の男性一般労働者の終身雇用比率や残存率に着目し、大卒若年層において長期雇用が弱まっていることを示した。

7 Kawaguchi and Ueno［2013］は、１９８０年代から２０００年代後半の賃金センサスと就業構造基本調査を用いてコーホート分析を行い、全年代で平均勤続年数の低下を確認し、無期雇用の正社員に限定しても傾向が変わりなく、やはり長期雇用の仕組みに変化が生じつつあることを示した。

健さを確認している。一方、中小企業・高卒労働者においては雇用の流動化が進むという二極化が進展しつつあると結論づけている。

後払い賃金の特徴とその変化

日本の後払い賃金の特徴は、勤続年数と賃金の関係を描いた賃金カーブ（賃金・勤続年数プロファイル）の傾きが、日本の場合、諸外国に比べ高いことで確認できる。日本、英国、（西）ドイツについて、生産労働者と管理・事務・技術労働者それぞれの年齢・賃金プロファイルを示した分析によれば、[10] ①いずれの国も賃金プロファイルの傾きは管理・事務・技術労働者のほうが高く、②いずれの場合も日本の賃金プロファイルの傾きが最も高い、③一方、55歳以上では定年制の存在により他の国よりも賃金レベルの下落が大きい、という特色が指摘できる。

また、米国、英国、フランス、ドイツと日本との賃金プロファイルを比較した分析も、[11] 日本の賃金プロファイルの傾きのほうがより急であり、生産労働者の場合でも同様の傾向がみられることを示している。また、賃金の決定要因を分析し、勤続年数が長くなるにつれて賃金が高まる効果が、日本の場合、米国に比べて大きいことからも、後払い賃金の傾向が確認されている。[12]

1990年代以降の賃金プロファイルについては、いくつかの調査研究で傾きが緩やかになってきていることを確認している。[13] 特に、40代以降の中高年での賃金プロファイルのフラット化が顕著である。また、個別企業の企業内人事データを使って賃金の決定要因を分析した研究では、[14] １９９０年代後半、勤続年数や年齢が賃金を引き上げる効果が弱くなっていることを見出している。さらに、２０００年代後半までの賃金プロファイルの変化を包括的に分析した研究でも、[15] 賃金カーブのフラット化の継続を明らかにしている。

8　神林・加藤［2016］は、２０１２年までの賃金センサスと就業構造基本調査を用いたコーホート分析において残存率、長期雇用者比率に着目し、勤続年数の長いグループでは長期雇用は安定的であることを強調した。

9　大湾・佐藤［2017］は、賃金センサスの２００２年から２０１５年までの個票データを用いて、平均勤続年数の推移、勤続5年未満比率に着目し、30代のグループで世界経済危機の影響で２００９年をピークに一度短期勤続者が増加したものの、２０１５年までに以前の水準に戻りつつあること、それ以外の年齢層では大きな変化はないことを確認している。また、残存率の分析から、２０１０―15年では大卒高卒ともに大企業で働く若年層において残存率に上昇がみられ、若年層の間で再び長期雇用関係が強まる兆しがある一方で、中小企業に在籍する高卒労働者では残存率がすべての年齢層で低下していることを指摘している。

10　鶴［1994］

11　服部・前田［2000］

12　先に紹介したHashimoto and Raisian［1985］はこの分野でも嚆矢となる研究であり、１９８０年の就業構造基本調査と１９７９年のＣＰＳを用いて日米の賃金関数を推計し、米国より日本のほうが勤続年数の賃金を高める効果が大きいことを示した。Mincer and Higuchi［1988］やClark and Ogawa［1992］も同様の結果を得ている。

これらに限らず多くの分析が1990年代以降の賃金カーブのフラット化を確認しており、日本的雇用システムの3つの定型化された事実のうち、明確に変化したのがこの後払い賃金の特徴といえる。2007―08年の金融危機以降も、大企業、より若い世代において賃金プロファイルのフラット化が大きいなど、賃金カーブのフラット化が引き続き継続していることが明らかにされている。[16]

後払い賃金の性格が弱まったのはなぜであろうか。1990年代において経済の低迷が長期化するなかで労働分配率がかつてない水準にまで上昇し、団塊の世代が中高年になることで従業員の高齢化による賃金コスト上昇が進んだ。このため、従来の傾きの高い賃金プロファイルをそのまま維持できなくなり、企業が賃金水準の比較的高い大卒中高年（ホワイトカラー）の雇用を守りつつ、その賃金コスト抑制に努めたためと考えられる。

遅い昇進の特徴とその変化

米国のある企業の昇進が「ファスト・トラック」（特急組）であることを見出した分析[17]と対比し、日本の大企業の昇進方式を「遅い選抜・昇進」とモデル化したのは、小池和男氏の一連の研究だ。[18]聞き取り調査などにより、日本の大企業の場合、部長以上の中枢幹部への選抜は入社後かなり時間が経過した時点、具体的には入社後15年前後の遅い時期に行われることを強調した。その後のキャリアを決定づける重要な選抜がかなり遅い時期に行われ、むしろそれまでは同期の間で昇進や賃金にあまり差をつけないという昇進・選抜方式である。[19]

国際比較でみてもこの特徴は顕著で、大卒ホワイトカラー（部課長）に関する日米独の国際

13　たとえば、厚生労働省［2003, 2005］、大橋・中村［2004］は、男子標準労働者（学卒後企業に継続勤務する「生え抜き」労働者）は大卒、高卒とも賃金プロファイルの傾きが１９９０年代を通じて緩やかになっていることを確認している。

14　都留・阿部・久保［2003］

15　Hamaaki et al. [2012] は、１９８９年から２００８年の賃金センサス個票データを用いて、無期雇用の男性一般労働者において、学歴・業種に関係なく、１９８９、１９９０年と比較すると２００７、２００８年の賃金カーブはフラット化していることを示した。

16　大湾・佐藤［2017］は、２００２年から２０１５年の賃金センサスの個票を用いてミンサー型賃金関数の推定を行い、従業員１０００人以上の大企業、１０００人未満の中小企業双方とも賃金プロファイルのフラット化がみられ、もともと傾きがより急であった大企業の賃金プロファイルのフラット化が大きいことを示した。ただし、これは同一時点における年齢、勤続年数との関係を示しているため、同一個人が生涯にわたって経験または期待する賃金変化に着目するため、コーホート別賃金プロファイルも推計した。１９５５―64年生まれ、１９６５―74年生まれ、１９７５―84年生まれの3つのコーホートを比較すると、若いコーホートほどよりフラット化しており、特に、最も若いコーホートの30代後半の賃金上昇鈍化は顕著となっている。

17　Rosenbaum [1984]

18　小池［1991, 2001, 2005］

比較のアンケート調査[20]をみても、同一年次の入社者で、米独に比べても初めて昇進に差がつき始める時期が遅いなど、日本のほうが米独に比べ「遅い選抜・昇進」であることがわかる。

一方、こうした遅い昇進の特徴は近年、どのように変化してきているであろうか。たとえば大企業の男性役職者比率（係長、課長、部長）のピークをみると、１９８０年代以降、一貫して高齢化しており、昇進の遅れ、役職者の高齢化が進んでいることがわかる。[21]

２０１０年代半ばまでのデータを使った研究においても、[22]大卒の課長への昇進時期の遅れと高齢化がみられ、その背景としては、部長ポストが削減され、部長へ昇進しにくくなっている可能性が指摘されている。遅い昇進から早い選抜への転換は起きておらず、むしろ昇進時期が一層遅くなっているといえよう。

4 まとめ

日本の雇用システムの3つの定型化された事実、特徴の変化は、以下のようにまとめることができる。まず、長期雇用については、大企業・大卒・中高年に対してはほとんど変化がなく、この仕組みはかなり頑健であるといえる。長期雇用の枠内にある若年層で２０００年代前半にやや流動化がみられたが、その後、定着が再び高まる動きがみられる。もともと日本的雇用システムの特徴が弱い中小企業・高卒では定着率の低下がみられ、長期雇用が適用される範囲は

より狭くなっているといえる。また、遅い昇進についても、さらに管理職への昇進が遅れるな

19　今田・平田［1995］は、製造業大企業の人事データを使い、「遅い選抜・昇進」といわれるホワイトカラーの昇進プロセスの内実を、入社後初期、中期、後期の3段階に応じて、「一律年功型」（勤続年数が同じであれば同じ職位）→「昇進スピード競争型」（昇進のスピードに差はあるがある時期同じ職位に並ぶように昇進）→「トーナメント競争型」（昇進できる者、できない者への選別）へと重層的なルール変化として捉えた。また、竹内［1995］は、大企業のキャリア・ツリーを分析し、入社後の時間とともに「同期同時昇進」（昇進確率が高く昇進時期が同じ）→「同期時間差昇進」（昇進確率が高く昇進時期が異なる）→「選抜」・「選別」（昇進確率が低く昇進時期も拡大方向）へと変化していくことを見出した。

20　小池・猪木［2002］によれば、同一年次の入社者で、初めて昇進に差がつき始める時期（平均）が、日本は7・85年、米国が3・42年、ドイツが3・71年、また、同一年次入社者のなかで昇進に見込みがなくなる者が5割に達する時点（平均）は、日本が22・30年、米国が9・10年、ドイツが11・48年と日本のほうがかなり長くなっている。さらに、具体的な役職に昇進するまでの年数を比較しても、たとえば、人事部長の場合26・2年に対し米国は9・6年となっている。

21　厚生労働省［2014］は、賃金センサスを使い、規模100人以上の企業の男性役職者（係長、課長、部長）比率をみると、ピークが1983年には40—44歳であったのが、1993年には45—49歳、2013年には50—54歳に移行していることを示している。

22　大湾・佐藤［2017］は、2002年から2015年の賃金センサスの個票を用いて遅い昇進の変化に着目し、2002年から2015年までの間で、管理職比率に明確な減少傾向はみられないが、大卒の年齢別課長比率の推移をみて、課長への昇進時期の遅れと高齢化が進んでいることを指摘している。

ど、むしろその特徴は強まっている。

一方、規模別、業種別、学歴別にかかわらず、広範かつ一貫してみられたのが、賃金カーブのフラット化（賃金プロファイルの傾きが緩やかになること）である。後払い賃金と長期雇用という特徴は、お互いに制度補完的な関係、つまり、それぞれの特徴がもう一方の特徴を強化するという関係があったと考えられてきた。[23] これは、日本の特に大企業が中高年の雇用を守るために、賃金上昇を抑制してきたという動きと整合的と考えられる。言い方を変えれば、１９９０年代以降の新たな環境変化に対応するために賃金抑制と長期雇用の枠組み範囲の縮小で対応してきたといえる。

日本の雇用システムの特徴が意外と頑健である背景には、従業員の「日本的雇用システム」への憧憬があることも忘れてはならない。実際、アンケート調査[24]をみると、終身雇用や年功賃金を支持する層の割合は１９９０年代末から２０１０年代までむしろ増加を続けている。特に、上の世代よりも終身雇用を支持する割合が低かった若年層で支持の割合がより大きく拡大し、世代間の差がほとんどみられなくなった。

若年層は上の世代とは異なり同じ企業に一生勤めようとは思わなくなっていると指摘されることが多いが、この調査をみるかぎりそのような査証はみられず、長期雇用を求める傾向はむしろ近年強まっているといえる。このような従業員意識も、日本的雇用システム、特に、長期雇用が頑健な背景になっていると考えられる。

23　こうした関係は村田・堀［2019］で実証的にも確認されている。

24　労働政策研究・研修機構の「第7回勤労生活に関する調査」［2016］をみると、「終身雇用」を支持する人の割合は、1999年72・3％から2015年には87・9％と2000年代に入って一貫して上昇している。従来、若年層ほど「終身雇用」を支持する割合は低いという傾向があり、1999年には20代では67・0％、70代以上では83・2％と大きな差があったが、2000年代後半以降、急速に格差が縮小し、2015年には20代は87・3％まで高まった。また、「年功賃金」を支持する割合は、「終身雇用」の場合と同様に、1999年60・8％から2015年には76・3％と一貫して高まっており、若年層の支持の高まりも相対的に大きくなっている。

第3章

「ジョブ型イコール成果主義」ではない

賃金決定の経済学

第1章では、「ジョブ型雇用は成果主義であるというのは、典型かつ大きな誤解である」ことを強調した。職務限定のジョブ型であれば、それぞれの職務に応じて賃金が決まるのが通常である。そこに成果主義的な要素が入る必然性はない。もちろん一定のバンドがあってそのなかで年功や査定が影響する部分はあるが、職務・ポストが変わらなければ賃金は変わらないというのがあくまでも原則であることを理解する必要がある。採用のときにその職務が遂行できるかどうか適切な判断がされていることが前提であり、決められた職務を淡々とこなす、最低限・必要以上のことはやらないというのが、ジョブ型の本来的なイメージなのである。[1]

一方、日本においては、賃金システムは、年功型と捉えられ、時代遅れ、非効率性の象徴として捉えられることが多い。このため、企業側からすれば年功型の賃金システムを改革してより先進的で効率的な賃金システムに改革したいという希望は強いだろう。特に、年功型ではどうしても中高年の賃金が割高になっているのでなんとかしたいという認識が強い。そうしたなかで、成果主義が、より先進的で効率的な賃金システムにみえてしまっているのであろう。

しかし、日本の大企業では、特に、１９９０年代末から２０００年代の初めにかけて成果主義がブームになるも必ずしもうまくいかなかったというトラウマがある。成果主義を前面に出せないので何かをその隠れ蓑として使いたい。そこにジョブ型雇用が使われてしまったということが、第二次ジョブ型雇用ブームの背景の一つであろう。しかし、ジョブ型雇用の本質を知っている者からすれば、ありえない「取り違え」にみえてしまう。こうした「ドタバタ」をみると、やはり、「年功型賃金＝時代遅れ・非効率的、成果主義＝先進的・効率的」という理解の仕方に大きな問題があると言わざるをえない。

ここでは、基本に立ち戻り、経済学、特に、1980年代以降発展してきた「人事の経済学」の立場から、2つの賃金システムに対して正当な評価をしてみたい。

欧米で発展してきた人事の経済学からみれば、実は、上記とは真逆のイメージが伝わってくる。成果で賃金を決める成果給はむしろ単純で原始的な仕組みであり、さまざまな問題を伴う。むしろ、年功賃金を含めた日本の雇用システムは成果給のさまざまな問題を回避するように構築された巧妙なシステムと評価することができるのだ。もちろん、だからといって、年功型賃金を擁護し、こちらのほうが優れていると主張したいわけではない。

本書の冒頭でも指摘したように、①いずれのシステムもメリット、デメリットが存在する。②このため、ある環境条件（マクロ的環境・ミクロ的環境）ではメリットがデメリットを凌いで、あるシステムが別のシステムよりも優位となることがありうる。しかし、どのような条件でもあるシステムが最も優れているということはない。つまり、どのような条件でも常に最も効率

1　日本のメンバーシップ型では新卒一括採用の場合、特に、大卒文系では、特定の職務がこなせることを前提にしているわけではない。その際、重要になるのは、入社後、配属された部署で職務をこなしていけるようになるだけの潜在能力、「地頭」で判断していると考えられる。

的なシステムなどは存在しない。システムの優劣は時代により、また企業により異なってくる。③システムは別の分野のシステム、また、システム自体を構成するさまざまなサブシステム間で補完的な関係が成り立っている。④システム改革には別のシステムの長所を取り入れる手法をとることが多い。

こうした原則・考え方を理解し、イメージに流されるのではなく、学問的に確立されたフレームワークを使って客観的かつ冷静に評価していくことが必要だ。

1 伝統的な経済学では賃金はどのように決定されるのか

賃金決定のメカニズム

伝統的な経済学では、労働市場が競争的な場合の賃金決定を扱っている。同じような労働者と同じような雇い主が無数にいるような状況を考え、労働者の労働市場の参入はコストなしに自由に行うことができるとする。雇用主と労働者はお互い必要な情報などはコストなしに入手できるし、片方だけが知る情報があるといった情報の偏在（非対称性）の問題などもない。また、企業間の労働異動はコストなしに自由に行えるとすると、競争的な外部労働市場が成立することになる。

この場合、労働者の賃金は、外部労働市場において、労働者への需要と供給によって決定され、個々の労働者を雇い入れる側の企業は賃金に影響を与えることはできない。一方、個々の企業においては、賃金が労働1単位の追加で追加的に企業の収入がいくら増えたかを示す限界収入生産物と等しくなるように労働投入を調整することが最適となる。

なぜなら、企業は賃金を所与とすると、労働投入を追加的に行うことで生まれる収入面での企業への貢献である限界収入生産物が賃金を上回れば、労働投入を増やしたり、下回れば労働投入を減らしたりすることで収益を高めることが可能になるからだ。

限界収入生産物は、分解すると、1単位の労働追加で増えた生産量×1単位の生産物増加で増えた収入、に等しくなる。つまり、限界生産性×限界収入に分解することができる。たとえば、労働者の時給が2000円の場合、企業が労働投入を調整することで、労働者が1時間追加的に働いて4個（＝限界生産性）の製品が追加的に生産でき、1個当たり500円（＝限界収入）で売れたとしよう。限界収入生産物は4×500＝2000円となり、時給と等しくすることができる。

企業の生産物が完全競争の市場で取引されていれば、1単位生産して得られる収入である限界収入は常にその生産物価格と等しくなる。このため、賃金は限界生産性×生産物価格と等しくなる。両辺を生産物価格で割ると、賃金を生産物価格で除したもの、つまり、実質賃金は企業の限界生産性と等しくなるというおなじみの関係が得られる。

無数に存在する労働者や雇い主は同質的であるので、誰が誰を雇っても労働投入を最適に調整したうえでの限界収入生産物は等しく、外部労働市場で決まった賃金と等しくなることがわかるであろう。

完全競争労働市場では、雇い主はどのように賃金を決定したらよいかと悩むことはまったくない。賃金は個々の雇い主や労働者が直接コントロールできず、それを超えた市場で決定されるからだ。このため、そもそも賃金決定を司る賃金システムを考える必要もない。

また、雇用主が労働者を雇うことになるので当然、そこには契約関係が発生するわけだが、伝統的な経済学が想定する世界ではこの契約関係は完備、つまり、あらゆる状況に対応した労働者の任務を事前に規定することができる。このような世界では、労働者は雇用主の意向に忠実に従う存在であることが仮定されていることに注意する必要があろう。

しかし、読者からみれば、この賃金決定のあり方はシンプルでわかりやすいものの、競争的な労働市場はあまり現実的ではないと感じるであろう。なぜなら、そのような状況の前提となっている条件が現実離れしているからだ。一例を挙げれば、そもそも同質的な雇い主と労働者が無数に存在するというところで現実にはそれぞれ異なるし、数が限られているのが普通であろう。

実際、時給が世間相場でこのくらいとわかっているような職は単純業務を行い、比較的同質的なパート・アルバイトぐらいしかないといっても過言ではないであろう。

なぜ、賃金システムを考える必要があるのか

さらに、現実には労働者の企業間異動は雇用主、労働者双方にとってさまざまなコストが伴う。このため、賃金は他の企業に異動するような外部オプションが考慮されつつも、企業内の内部労働市場において、主に雇用主と労働者の契約によって決定されることが通常であろう。

また、雇用主と労働者の間には情報の非対称性が存在する。たとえば、雇用主は労働者の成果（アウトプット）は観察できても努力は観察できないようなケースである。雇用主と労働者の利害が一致しない場合、労働者が私的な利益を追求したり、努力を怠ったりというモラルハザードが発生してしまう。

また、雇用契約も将来起こりうる事象をすべて特定化することはできないため、当然、不完備契約にならざるをえない。この場合、賃金を含めさまざまな手法を使い、労働者の行動が雇用主の利害に沿うようにインセンティブづけを行うような明示的、暗黙的な仕組み、つまり、賃金システムやそれを包含する雇用人事システムを明示的に考えることが必要となる。

こうした雇用人事システムのあり方を検討することが、1970年代末から発展し、ノーベル経済学賞受賞者も輩出している人事の経済学のめざすところである。

雇用契約は不完備にならざるをえないという点については、これはメンバーシップ型やジョブ型の定義とも関連があると思った読者もおられるかもしれない。雇用契約は多分他の契約に比べても将来のことが特定しにくいという不完備性が強いと考えられる。その場合、将来のこ

とはなるべく特定化しないでおこうと考え、雇用契約が「空白の石版」となっているのがメンバーシップ型であり、雇用契約の不完備性は強いことを理解しつつも、なるべく特定化していこうとするのがジョブ型と考えることができよう。要は、雇用契約に内在する不完備性への対応がまさに両極端、真逆であることから出てくる違いと考えることができる。

2 人事の経済学の出発点としての成果主義

このように、①労働移動のコスト、②雇い主と労働者との間の情報の非対称性、③不完備にならざるをえない雇用契約、といった現実的な仮定を置いた場合、人事の経済学が考える最も単純な仕組みは成果主義的な賃金システムである。成果主義を先進的で高度な仕組みと考えている読者には意外に映るかもしれない。成果主義という言葉はやや広い概念を含みうるので、ここでは、成果主義と呼ばれるような賃金体系を単純化し、労働者の成果（アウトプット）に応じて賃金を支払うという出来高契約（piece rate contract）や成果給（pay for performance）と呼ばれる仕組みを考えてみよう。

まず、成果給の仕組みを考える前に、なぜ、成果と賃金を結びつけないといけないかを考えてみよう。成果給を考えるうえで重要な前提は、先に述べたように、雇用主は労働者の努力が観察できないことである。もし、労働者の努力水準が観察できるならば、追加的に労働者が

（一単位の）努力を追加したときの雇い主のベネフィット（生産増による収入増）とコスト（賃金増）が等しくなるように努力水準を決めることで、雇い主にとって最適な労働者の努力水準を定めることができ、それを達成する義務を雇用契約に明記すれば良いことになる。

しかし、雇用主も労働者を四六時中監視するわけにはいかない。努力水準は観察できないという情報の非対称性は、現実的な仮定といえる。もちろん、現在のＩＣＴを駆使すれば監視カメラと組み合わせて常時監視は技術的に可能であるが、それを行う場合の従業員への悪影響も考える必要があろう。ここでは努力水準はわからないことを前提に話を進めよう。このため、努力水準の代理変数として成果を考えているという認識が重要である。

これまで何度も強調したように、原始的なジョブ型雇用には成果主義の色彩はまったく存在しない。賃金は職務（が要求するスキル・能力のレベル）で基本的に決まっているためだ。その場合、努力水準が観察できなければ、労働者は極端な言い方になるかもしれないがいくらでもサボるインセンティブが生まれてしまう。それを抑制するのは、解雇の可能性であろう。したがって、労働者の側からは解雇されない程度に最低限の仕事しかやらないというのが、原始的なジョブ型雇用の現実といえる。

職務に就く前は職務の求める能力・スキル・適性は厳しく問われるものの、職に就いてしまえば、インセンティブの問題は深刻であるのが、古典的ジョブ型雇用であるのだ。だからこそ、ジョブ型雇用の世界では、第１章でもみたように米国を中心に導入されてきた「革新的人的資源戦略」の一要素として、なんとか労働者のインセンティブを高めようと成果主義が模索されてきた背景があると考えられる。

成果給の光と影——人事の経済学が明らかにしたこと

成果給（広義には依頼人）・代理人問題で人事の経済学が最初に明らかにしたことは、リスクとインセンティブの関係である。それを考えるために、ここでは、労働者の成果に影響を与える要因として能力、人的資本、努力、労働者がコントロールできない外的要因を考えてみよう。

能力と人的資本は明確に区別することはできないが、労働者固有のストック面での要因といえる。能力は頭の良さ（地頭）や性格的な非認知能力、人的資本は教育、訓練、経験で積み重ねられてきたスキルをイメージしてもらえばよいだろう。努力はその時々の頑張りを示すフローの要因といえる。一方、景気や天候など労働者がコントロールできなくとも成果に影響を与える要因も当然ある。

成果を高めるためには、もちろん、そもそも能力の高い人を採用する、企業のなかで人的資本を高めるということも重要だが、結果が出るまで時間がかかることはいうまでもなく、雇用管理の観点からはこの2つの要因は固定と考えてもよいであろう。

そうすると、成果を変化させる要因としては努力と、労働者がコントロールできない外的要因が重要になってくる。本来ならば、努力が観察可能であれば、それにフォーカスして賃金を決めればよいのだが、そうでないので代理変数としての成果を使わざるをえない。

成果は努力が高まり他の条件が等しければやはり高まるので、成果と賃金が結びつけば労働者の努力を行うインセンティブは当然高まる。一方、成果と努力の2つの要因の間には乖離が存在し、それが労働者のコントロールを超えた外的要因となる。

このような場合、たとえば、努力のレベルは低くなったにもかかわらず景気の追い風で商品が売れ、成果が上がり、賃金が増加することがある一方、努力のレベルを高めても、天候不順の要因で成果はかえって下がってしまい、賃金も低下してしまうということが起こりうる。

つまり、成果は労働者がコントロールできない外的要因に影響されるため、その変動は努力水準よりも高くなり、それに賃金が連動すれば、賃金の変動も大きくなり、労働者にとってはリスクが高まることになる。

もし、労働者がリスク中立的でリスクをいとわない、つまり、良い方にいく場合もあれば悪い方に転ぶ場合もあり平均すれば変わらないのであればかまわないという人なら問題はない。しかし、労働者は通常は平均的にみれば、低くてもより確実に賃金を得るほうを好むという意味でリスク回避的と考えるのが妥当だ。

なぜ、労働者はリスク回避的なのか。運悪く賃金が大幅に減少するのはどうしても避けたいと思うのが普通なので当然と思う方も多いであろうが、経済学では、労働者の人的資本は分散化できないためと説明する。

要は、自分の「分身」がいろいろな企業で働くことができれば、ある企業では賃金が低くなってもある企業では逆に高くなるということがあり、リスクに対応できる。いろいろな企業の株を持つことでリスクを分散化するのと同じ手法だ。しかし、残念ながら労働者の身は一つなので分散化は困難だ。ただ、昨今、推進が叫ばれている副業・兼業が可能になればこうした状況も変わりうることに注意が必要だ。

このように、成果給は確かに労働者の努力水準を高めるが、一方で、労働者のリスクを高めるという問題がある。成果と賃金の連動を強めるほど努力水準は高まり、労働者のインセンティブも高まるが、一方、労働者の負担するリスクも高まるのである。つまり、成果給においては、インセンティブとリスクのトレード・オフが発生するのである。

このため、雇い主は、ある程度、労働者とリスク・シェアリングを行うことが望ましく、その分、労働者のインセンティブは弱くならざるをえない。理論的には、さまざまな初期条件に対応して、最適なインセンティブ・スキームを考えることができるが、わずかな条件の変化でスキームの内容が変化してしまうため、現実にそのようなスキームを使うのは難しい。

実際には、賃金が成果に比例するようなスキームが使われることが多く、そのようなスキームを前提とすると、賃金の成果に対する反応度（成果が1単位増加したとき賃金が何単位増加するかを示す係数）は、

①労働者のリスク回避度が低いほど、

②成果への外的要因の影響度が小さいほど、大きくすることが望ましいことがわかっている。

以上を踏まえると、賃金を成果に結びつける成果主義的な賃金スキームは、労働者のインセンティブを高める効果はあるものの、労働者のリスク負担という問題も起こす。このため、成果主義的賃金スキームは、労働者のリスク回避度が低く、成果への外的要因の影響度が小さい場合は良いが、そうでない場合は、望ましくないと結論づけられる。

労働者の努力にバイアスをもたらす複数任務

成果給の問題点は、上記の労働者のリスク負担だけにとどまらない。労働者の行動に歪み（ディストーション）を与えることも考慮する必要がある。そもそも成果（アウトプット）は雇い主が観察できるだけでなく、労働契約で賃金が成果にもとづくことを明記できるためには、紛争になった場合に、裁判所などの第三者により立証可能であることが仮定されていたことに注意が必要だ。

しかし、その成果を立証しにくい業務もあると考えられる。労働者の行う業務が複数ある場合、成果がより評価されやすい業務により努力するというバイアスが生じることになる。[2]

2 Holmstrom and Milgrom［1991］

たとえば、労働者は客観的に評価されやすい業務（例、短期的に結果の出る仕事）や側面（例、質より量）を重視する一方、評価が難しい他者との協力や調整の業務は軽視するであろう。長期的には有効でも短期的な成果を上げることにはつながらないと考えられる、「部下や後輩を育てようという雰囲気」や「仲間と協力して仕事をしようとする雰囲気」といった職場のモラルが低下する可能性もあるだろう。また、労働者の成果は往々にして共同作業の結果である場合が多く、個々の労働者の個別の寄与を正確に立証し、それを賃金に反映させることは至難の業である。

評価を行うことが難しくなれば、当然、評価を行う上司の責任やリスクも当然大きくなる。この場合、どの部下にも平均に近い評価を与え、極端な評価はつけないという「評価の圧縮」や「中心化バイアス」が生まれやすい。また、評価を行う上司自身も自分の成果が明示的に評価された経験がないため、そもそも基本的な評価能力、ノウハウが欠如しているとも考えられる。評価者が評価の責任・負担や評価ミスのリスクを回避するため、評価格差を小さくする行動をとるとも解釈できる。

「ゴマすり」と「ひいき」を生む危険がある主観的評価

こうした成果の立証の可能性の難しさは、言い方を変えれば、成果の客観的評価の難しさということだ。このため上記のような問題を回避する一つの方法は、客観的基準で成果を評価するのではなく、上司が部下の成果を主観的に評価することである。しかし、主観的な評価は、上司の印象や裁量による部分が大きいため、主観的評価は真実の姿から歪められたり、粉飾されたりする可能性があり、デメリットも当然ある。

具体的には、第一に、雇用主側には逆に労働者の成果を過小評価して賃金の支払いを少なくしようとするインセンティブが生じてしまうことである。つまり、労働者の努力のみならず、成果までも立証可能でなくなれば、労働者、雇用主双方とも機会主義的な行動（モラルハザード）に陥るという問題が発生してしまう。評価者たる上司が賃金の節約で直接メリットを受けるような、中小企業のオーナー社長であるようなケースが、典型例であろう。

一般企業であれば、賃金の過小支払いという危険性は少ないかもしれないが、むしろ深刻な問題点は、評価における裁量の余地があることによって、上司の部下への「ひいき」[3]とそれを求めるために部下が行う「ゴマすり」[4]による評価の歪みが生じてしまうことであろう。「ゴマすり」は非生産的な行動であり、企業価値を低下させていることは間違いないし、上司の「ひいき」は評価の不公平感を生むため、主観的評価はかえって労働者のモラルや努力を低下させ

3　英語表記では“favoritism”，Prendergast and Topel (1996) 参照
4　“rent-seeking activities”，または、“influence activities”と呼ばれる行動である。Milgrom and Roberts [1988] 参照

てしまうという問題がつきまとう。[5]

このようにしてみると、成果と賃金を結びつける成果給は、労働者が単一の業務に従事し、そのアウトプットも客観的かつ容易に評価できる場合に機能しやすいことがわかる。

米国のある研究では、自動車の窓ガラスをはめ込む大企業の賃金スキームの変遷を分析し、経営の交代により当該企業が時間固定給から出来高給に徐々に移行してきたことで労働者の平均生産性は22％上昇したことが報告されている。[6] また、やはり米国のデータを使って、狭い範囲のルーティーンの業務よりも、多くの任務がある仕事のほうが成果給の適用は少ないこと、出来高給は業務の数の少ない労働者により適用されていることを示している研究がある。[7]

以上をまとめると、人事の経済学が明らかにしたのは、成果給のような成果主義的な賃金スキームは確かに労働者のインセンティブ、努力を高める効果はある。しかし、その一方で、さまざまな副作用というべき問題点を生むということだ。したがって、そうした副作用をなるべく小さくするため、成果主義的賃金スキームを適用する場合は、以下のような条件が成り立っているか吟味する必要がある。

- 労働者のリスク回避度が低い
- 成果への外的要因の影響度が小さい
- 成果は客観的かつ容易に評価できる

・労働者はなるべく単一の業務に従事している

こうした前提条件をみれば、ジョブ型雇用であれ、メンバーシップ型雇用であれ、成果主義的な賃金スキームがうまくいく状況はかなり限られていることが明らかだ。成果主義＝先進的・効率的と無条件に信じることがいかに愚かであるかがわかるであろう。[8]

5 客観的評価と主観的評価はそれぞれメリット、デメリットがあるので両者をうまく組み合わせるという発想も重要である。米国のアーク溶接機器製造大手のリンカーン・エレクトリックという企業は、客観的な成果評価による出来高給で有名であるが、従業員の協調、イノベーション、信頼性に対して主観的な評価にもとづきボーナス（全体の給与の半分程度）を支給するという二本建ての報酬パッケージを適用している（Baker et al. [1994b]）。また、ノン・レイオフ政策を掲げ、雇用保障は厚く、従業員がＥＳＯＰで自社株を保有するなど長期的な雇用管理が行われている（Milgrom and Roberts [1995]）。また Gibbs et al. [2006] は、米国の２５０のカー・ディーラーの部門長５２６人のアンケート調査を用い、販売台数などの数量ベースを評価基準にした報酬制度の弱点を補強するために導入されている主観的評価にもとづくボーナスの支給の適用は、①人的資産等の無形資産への長期的投資が大きい部門ほど、②他の部門との相互関係の高い部門ほど、③目標設定が難しく、達成できない場合のペナルティが大きい部門ほど、大きいことを見出している。

6 Lazear [2000]

7 Brown [1990], MacLeod and Parent [1999]

成果主義的賃金制度が機能するケース、機能しないケースの見極め

このように、成果主義的な賃金制度は完全無比な制度ではなく、メリットとともに右に述べたようなデメリットも持つことを考慮すれば、どの企業もそれを一律に適用するのではなく、企業、職務、従業員の属性などに応じて、成果主義的な賃金制度を適用したほうがよいケース、悪いケースを見きわめていくことが重要になる。

米国の人的資源管理の代表的な教科書では[9]、上述したような経済学的な見地のみならず、社会学や実務家からの視点も加え、「成果給」が有効ではないケースとして、①技術がより複雑である、②職務（の内容や範囲）があいまいである、③従業員間の協調がより重視されるような文化がある、④評価し難い質やイノベーションを重視した戦略がとられる、⑤労働のインプットと成果との関係が弱い、⑥従業員の「内因的な動機づけ」（“intrinsic motivation”）に対する依存が大きい、⑦成果給のもとで従業員や技術の多様性が大きいと不公平感も増す、⑧社会や職場での文化が金銭だけで差をつけるようなやり方と相容れない、場合を挙げている。

日本企業の場合、③⑦⑧というような文化的な特徴が当てはまる面もあるが、むしろ、着目すべきは、技術の複雑化が継続して進展しているなかで成果の質やイノベーションが企業戦略上さらに重要視されているという、より普遍的な条件だ（①⑥）。これらの場合には成果主義的な賃金制度はむしろ機能しにくいという認識は重要である[10]。これは、技術の複雑性、イノベーション、質がより重視される場合、従業員の成果が測りにくいという要因もあろうが、成果

主義が長期的なチャレンジ、リスク・テイキングにマイナスの影響を与える可能性があるという視点も重要であろう[11]。

また、成果主義的な賃金は、仕事への見返りを求めるのではなくただそれが面白いからやるというような、「内因的な動機づけ」に水を差すことで（「内因的な動機づけ」のクラウディング・アウト）[12]、インセンティブには逆効果を与えるという視点（⑥）も重要である。心理学の分野では以前から認識されてきたが、近年では経済学でも注目を集めている分野である。

8　たとえば、ジョブ型雇用の場合、成果主義を用いずにインセンティブを高める方策については、第8章で詳しく述べることとする。
9　Baron and Kreps [1999]
10　奥西 [2001] は、都内の約500社のアンケート調査を使い、高品質戦略をとり研究開発を重視している企業ほど、賃金決定要因として「職能」を重視し、「業績」を用いる傾向が低いことを見出している。
11　猪木 [2002] は、それまで年功制であった米国の法律事務所の弁護士（パートナー）への報酬制度が訴訟件数の増加した1970年代に成果をより重視するような報酬制度へシフトした事例を紹介している。報酬制度の変更により、弁護士が法律事務所の長期的な競争力を高めていくにはむしろ重要である、勝算の低い、もしくは予想し難いケースは短期的には割に合わないと考え、手を出さないという危険回避的な行動をとるようになった。このため、1980年代後半には従来の年功制に戻る事務所が増えるなどの反省が強まった事例を紹介している。
12　Frey [1997]

たとえば、実験結果を使った分析では、成果に賃金を結びつけた明示的な契約がむしろ不完全な契約よりも契約が遵守されないことがあることを示している。[13] ＩＱテストの質問に答える被験者に金銭的なインセンティブを与えるとその解答パフォーマンスは低下することが、報告されている。[14]

こうしたクラウディング・アウト効果の経済学的な解釈は必ずしも定まっていないが、「人は必ずしもお金のために働いているわけではない、むしろ仕事の面白さ、やりがい、達成感が重要である」、また、「成果主義的な考え方は従業員の自発的なイニシアティブへの信頼感を損なうものである」といった職場で身近にしばしば聞かれるような議論も、[15]「内因的動機」の議論からその妥当性を説明することができるのである。

3 雇用契約の不完備性をいかに解決するか

このように成果を賃金に結びつけるという最も単純な賃金の仕組みは、現実には、①労働者の成果は雇用主が観察可能でも第三者が必ずしも立証することは可能でなく、②そのため、成果と賃金の関係を明記する賃金契約を結ぶことは難しく（紛争の際に裁判所が履行を判断することができず）、賃金契約は「不完全」（不完備）なものにならざるをえない。このためさまざまな問題があることがわかった。それでは、こうした問題を解決するためにはどのような仕組みを考えればいいだろうか。重要なのは、雇用契約の不完備性を前提とした賃金システムを考えなければいけないということだ。

自己拘束的な賃金契約にはどのようなものがあるか

雇用契約が不完備であるということは、賃金契約にお互いの約束事を明示的に書き込むことができないということだ。つまり、その契約は暗黙的な性格を持たざるをえないことを意味している。暗黙的な契約が履行される、つまり、雇用主、労働者双方が暗黙の約束を守るためには、その契約自体が裁判所のような第三者が強制力を持つのではなく、関与する当事者が自ら進んで約束を守るような力（自己拘束力）が働く必要がある。自己拘束的な契約を考えることは必ずしも容易ではないが、人事の経済学ではいくつかの理論的な類型が提示されている。

第一は、労働者のパフォーマンスが満足いくものであれば約束した賃金を払う、または、昇進させ、そうでなければ解雇するという契約、「昇進できなければ退社ルール」（up-or-out rule）が挙げられる。労働者にとって解雇コスト（労働異動コストや賃金プレミアム＝現在の賃金

---

13 Fehr and Falk［1999］, Fehr and Schmidt［2000］
14 Gneezy and Rustichini［2000］
15 たとえば、高橋［2004］参照

と外部オプションとの差分）が十分高ければ解雇されないように努力するし、雇用主も労働者のパフォーマンスが悪ければ解雇しなければならず、過小評価により賃金を節約することもできなくなるためである。

第二は、賃金は市場で決まる水準よりも高い一定水準に固定される一方、成果がかなり低ければ解雇することで労働者のインセンティブを高める「効率賃金」である。労働者にとっては、割高の賃金を得ているため、解雇されてしまえば賃金水準は大きく下がってしまう。解雇の脅威が大きい場合は労働者の損失（賃金の割高部分）も大きいので、解雇されないように労働者は自ら努力するという仕組みである。

第三は、契約時に労働者が雇用主に保証金を支払うような仕組みである。労働者が約束を守らなければ、保証金は雇い主に没収される。この場合も労働者にとっては失うものが大きく、怠惰を防ぎ、自己拘束的な契約となる。

しかし、こうした仕組みは理論的に非常に巧妙な仕組みではあるのだが、あまり現実的とはいえない。実際、「昇進できなければ退社ルール」は主に弁護士、医者等のプロフェッショナルな職業に限られているといわれる。「効率的賃金」も機能するためには、かなり割高な賃金の提示と解雇が相当柔軟にできることが前提だ。保証金を積む仕組みについては、労働者の怠惰を防ぐためにはかなり高い保証金が必要であるが、労働者が職に就く前にそのような大金を持っているとは考えにくいし、借り入れも制約があるのが普通だ。このため、やはり現実的な仕組みとはいえず、実際にもそのような契約はほとんどみられない。

より現実的なのは、労働者と雇用主の関係が継続していくなかで醸成される信頼関係、評判による自己拘束的な仕組みである。[16] より一般的に労働者と雇用主が契約を続けることにより両者がレント（超過利潤）を得るときのみ暗黙的な契約が自己拘束的になることがわかっている。[17]ここでレントとは、他では得られず、この関係を継続することでのみ得られるような利益である。特に、将来のレントが大きく、その割引率（将来のレントを現在価値に割り引く際の率）が十分低い（つまり将来のレントの現在割引価値が大きくなる）場合、関係を継続させていくメリットは大きいので、暗黙の契約が当事者間で守られるという自己拘束性は強くなる。

このように双方にレントを生むものとしては、上記の信頼関係・評判が挙げられる。お互いの評判が信頼関係を強化すれば、明示的な契約がなくても、お互いが約束を守り、協調的な行動をとるため、機会主義的な行動が抑制され、双方の利益＝レントが生まれることは理解しやすいであろう。

また、両者の関係のみに役立つような関係特殊な人的投資も重要だ。これは雇用関係を解消すれば無駄になる投資であり、雇用関係を継続していくことで初めて両者ともその投資からリ

16 Bull [1987]
17 MacLeod and Malcomson [1989]

ターンを受けることができるためである。また、継続的な雇用関係が成果の評価をより正確にしていくという側面も重要である。[18]

このようにみると、雇用主、労働者が自発的に約束を守る自己拘束的な雇用システムを形成するためには、一回限りの雇用関係ではなく、それを継続的に繰り返すことが重要であることがわかる。

勘のよい読者は、「これって日本の雇用システムの終身雇用のことか?」と思うかもしれない。まさにそのとおりで、内部労働市場における長期雇用のメカニズムを経済学的に解釈したものだ。

第2章でみたように、大陸欧州では基本的に日本と同様に長期雇用慣行が一般的であるし、その傾向が相対的に弱い英語圏諸国も若年時の移動はより頻繁であるものの、その後は一つの企業に定着することはめずらしくない。成果給の問題点を検討していくと、長期雇用のメカニズムの有用性に人事の経済学がたどり着いているという認識が重要である。

雇用契約は不完備であるという前提で、暗黙的契約が履行されるような自己拘束的な仕組みで現実的なものは長期継続的な雇用関係で生まれてくることをみた。そのなかで賃金決定の仕組みを考える場合に重要な役割を果たすのが、①昇進、②「後払い賃金」、を利用した仕組みである。それぞれについて詳しくみていこう。

4 昇進をどう賃金に結びつけるのか

具体的には、まず、昇進を利用した仕組みである。賃金レベルは労働者の成果ではなく、事前に職務のランクに対応させておくことで、労働者への評価は昇進、つまり、職務のランクの上昇とその結果としての賃金の上昇に反映されるという方法である。米国大企業の長期にわたる人事データを使った分析でも、職務のレベルが賃金決定の最も大きな要因となっている。[19]

昇進にもとづく暗黙の契約では、職務のランクと賃金レベルの対応が事前に決まっているので、雇用主は昇進を認めてしまえば過小評価を行うことで賃金を節約することはできない。また、労働者の「ゴマすり」や上司の「ひいき」で評価の低い労働者が昇進した場合、その労働者は昇進したポストでの職務、責任を十分果たすことができなくなる。これは、そのような昇進を認めた上司に、企業の損失（資源の非効率的配分）となって跳ね返ってくるので、上司の評価のバイアスも少なくなるという利点がある。[20]

18 Prendergast [1999]
19 Baker et al. [1994a], Gibbs and Hendricks [2004]
20 Fairburn and Malcomson [2001]

これは、昇進を使った仕組みが昇進にリンクした賃金上昇を通じて労働者のインセンティブを高めるのみならず、労働者の能力をスクリーニングするのにも役立っていることを示すものだ。業務のランクの上になれば、そのポストの責任はますます大きくなり、努力へのインセンティブを高めることよりも能力のあるものを選抜することが重要となってくる。

昇進のインセンティブ付与機能よりもその選抜機能（スクリーニング）に重点を置くと、昇進は労働者の成果から推測される能力で決定されることになる。しかし、このような場合でも労働者の努力インセンティブを高めることは可能である。「出世願望」[21]が機能するからである。雇用主は労働者の能力を直接には観察できないので、その成果から推測し、時間の経過とともにその予測をリバイズ（修正）していく。一方、労働者はまだ雇用主が自分の能力を十分把握していない初期の段階では能力を高くみせたいため、努力して少しでも成果を高めるインセンティブがあるのである。

一方、昇進については年功が考慮される場合が多い。[22]もし、能力のある若い候補者がいるにもかかわらず年功にもとづく昇進が行われれば、（事後的に）資源配分の非効率性につながるのは明らかだ。それにもかかわらずそのような慣行が米国を含めて広くみられるのは、個々のケースを裁量的に判断するのではなく、ある一定のルールで人的資源配分を決める「官僚主義」が上司の評価における裁量を認めないため、労働者の「ゴマすり」などのレント・シーキング活動を抑制できるからである。

日本の大企業の場合は、メンバーシップ型雇用のもとで人事部門が中央主権的な役割を担うことが多く、上司の「ひいき」や部下の「ゴマすり」は比較的抑制されていると考えられる。こうした行動は評価や昇進判断を歪めるだけでなく、企業価値には結びつかない非生産的な活動に従業員を駆り立てることになる。そのため、こうした行動を抑制することによるメリットは大きいと考えられる。

昇進におけるトーナメント競争の役割

それでは、昇進はどのように決定されるのであろうか。人事の経済学で用意されている答えの一つが、トーナメント競争である。企業組織は通常、ピラミッド型のヒエラルキー構造になっている以上、昇進の機会は職務が上のランクになるほど限られてくる。その場合、より高い賃金が払われる（その額は事前に決定）ポストへの昇進をめぐって同じような職務ランクに従事する労働者が競争することになる。

このような競争は、トーナメント競争[23]と位置づけることができる。たとえば、2人の労働者

21 英語表記では“career concerns”, Holmstrom［1982, 1999］
22 米国の例としては、Freeman and Medoff［1984］参照
23 Lazear and Rosen［1981］

が昇進をかけて一つのポストを争うことを考えてみよう。その場合、昇進の決定は、それぞれの成果を個別に立証できなくても、どちらの成果が勝っているかという相対的な成果が立証できれば可能なため、より容易である。また、昇進後のポストの賃金は最初から決められているため、雇用主が過小評価して賃金を節約することができず、レント・シーキング活動の余地がないという利点がある。昇進による利益（賃金上昇）が大きいほど、労働者のインセンティブを高めることができる。

同僚間の協力関係を弱める相対評価

一方、トーナメント競争の問題点は、競争相手である同僚との間で協力を行うインセンティブが弱まることである。トーナメント競争で自分の成果を高めるだけでなく、相手の足を引っ張る（相手の成果を低下）ことができる場合、勝者の得る「賞金」（上記の例では昇進とそれによる賃金上昇）は足の引っ張り合いがないような場合の「賞金」よりも低く設定されるべきであることが、理論的にも明らかにされている。[24] つまり、同僚の間での協力関係の重要性も考慮すれば、勝者と敗者の差（「賞金」）はあまり大きくすべきではないということだ。

これは、企業のなかにおいて労働者の成果や能力と比べて賃金のばらつき度合いが小さい（賃金圧縮）ことの一つの理由を提供している。また、同僚同士の足の引っ張り合いによるデメリットが大きい場合は、トーナメント競争のような相対評価は使うべきではない。実際、賃金格差の大きいグループに属する労働者（昇進インセンティブが強い）ほど同僚を助ける努力は小さいことが、明らかにされている。[25]

「後払い賃金」の役割

昇進の仕組みと並んで重要なのは、「後払い賃金」の仕組みである。[26]

労働者が雇用主との間で長期的な雇用関係を仮定すると、労働者の（実質）賃金は毎期、その限界生産性に一致させる必要はない。若年期は自らの生産性よりも低い賃金を受け取る一方、高年期には自らの生産性よりも高い賃金を受け取るような仕組みは「後払い賃金」と呼ばれている。「後払い賃金」は、必ずしも賃金が現在の成果に依存していなくても労働者の努力インセンティブを高めることができる。[27]

まず、高年期の労働者にとっては、十分高いレント（市場で決まるよりも割高な賃金）を得ていれば、解雇によってそれを失わないように努力するであろうし、若年期の労働者にはできる

---

24 Lazear［1989］
25 オーストラリアのサーベイ・データを使った Drago and Garvey［1998］など
26 Prendergast［1999］
27 Lazear［1981］

だけ長く企業に勤められるように努力するインセンティブがある。なぜなら、若年期に「預けた」レント（市場で決まるよりも低い賃金）を高年期に取り戻す必要があるからである。これは、目の前に「にんじん」をぶら下げて馬を走らせるやり方と似ている。

また、このような仕組みは、定着率の高い（若い）労働者のみが自発的に集まるという自己選抜によるスクリーニング機能の役目も果たしている。[28] さらに、企業は労働者がある年齢以上になれば生産性よりも高い賃金を払える原資がなくなるという意味で「後払い賃金」は定年制の存在（米国では1980年代に禁止）をうまく説明することができる。[29]

このようにみてくると、「日本の年功賃金はこの『後払い賃金』の仕組みで説明できるのでは」と思う方も多いであろう。第2章でもみたように、日本の賃金プロファイルの傾き（年齢・勤続年数と賃金水準の関係）は諸外国よりも急であり、その理論的な側面はこの「後払い賃金」で説明される場合が多い。定年制がまだ存在する日本の場合、この理論の適合性は高いといえる。

「後払い賃金」の仕組みのユニークな点は、賃金が常に成果（生産性）と乖離していることだ。成果と賃金が対応していないという意味では、成果給とはたしかに真逆の賃金スキームといえる。しかし、長期雇用を前提にすれば、成果に見合わない賃金を提供することで長期の労働者のインセンティブを確保しようとする非常に巧妙な仕組みであるといえる。「年功賃金＝時代遅れ・非効率的」いう認識を改める必要があることがわかるであろう。

しかし、「後払い賃金」は日本には当てはまりやすいかもしれないが、米国ではみられないのではないかと思う読者もいるかもしれない。しかし、1980年代から積み重ねられてきた実証分析で、米国の賃金も「後払い賃金」の要素があることが明らかになっている。[30]

28　Salop and Salop [1976]

29　Lazear [1979]

30　米国のデータを使ったある研究では、同じ職務の労働者の賃金は就業経験年数や当該企業の勤続年数に比例するのに、成果の評価はそのような変数とはほとんど相関していないことを見出し、もし、成果の評価が労働者の生産性を正しく反映していると仮定すれば、これらの事実は「後払い賃金」の証拠になると議論した（Medoff and Abraham [1980]）。「後払い賃金」の実証は、賃金の決定において、年功（seniority）、つまり、当該企業での勤続年数の影響を教育や就業経験年数をコントロールしたうえでみるやり方がある。しかし、単純なＯＬＳ（最小二乗法）で推計すると①年功が職務と労働者のマッチング効果も含めてしまう、②賃金が逆に年功に影響を与えるという内生性の問題があり、推計結果が過大になるという問題が生じる。米国のデータを使い、前者の問題を考慮した分析（Abraham and Farber [1987], Altonji and Shakotko [1987]）は年功の影響はわずかであるという結論を得る一方、後者の問題を考慮したTopel [1991] は、年功の影響はＯＬＳ推計に匹敵するくらい大きいことを示した。Altonji and Williams [2005] はTopel [1991] のトレンド除去の手法などにより上方バイアスがあると指摘し、両者の間に入るような推計結果を示す一方、Buchinsky et al. [2010] は、年功の効果にバイアスを与える労働異動などを明示的に考慮することで逆に年功の効果はかなり大きいことを報告している。このように米国のデータを使った分析では、年功の賃金への影響の大きさについてはコンセンサスが必ずしも得られていない状況である。

1990年代、日本の長期雇用を前提とした年功賃金や年功序列といった日本的雇用システムの仕組みは「時代遅れのシステム」として批判されてきた。一方、1990年代後半から2000年代前半にかけて成果主義のブームがあった。

しかし、経済学的な見地から最近の「人事の経済学」によれば、むしろ日本の雇用システムにみられる特徴は、単純な成果主義（成果給）の仕組みよりも雇用にまつわるさまざまな問題をうまく解決していたことが、明らかになっている。

こうした学問的な成果は、主に米国で自らの人的資源管理手法や雇用システムを見直すなかで1980〜90年代にかけて得られたといっても過言ではない。一方ちょうどこの時期、日本ではバブル崩壊以後、日本的雇用システム見直し論が高まっていった。それが、こうした評価が日本で浸透していく妨げになった可能性があることにも留意が必要だ。

5 まとめ

本章では、労働者の成果をその賃金に結びつけるという最も単純な仕組みである成果給から出発して、雇用システムのあり方を経済学的な観点から議論した。そこで明らかになったことは、雇用主が労働者の成果を客観的に測り、明示的な雇用契約を結ぶことの難しさである。つまり、成果給を実際に機能させるにはさまざまな困難があるのだ。雇用主が成果の客観性を追求しすぎれば労働者が成果の出やすい業務に集中するというバイアスが生まれるし、主観的な評価を行えば評価者の裁量（「ひいき」）を得るために「ゴマすり」がはびこることになる。

雇用契約が不完備であり、暗黙的なものにならざるをえないとすると、労働者と雇用主双方のモラルハザード、機会主義的な行動を抑制するため、賃金を直接成果に結びつけない形で自己拘束的な仕組みを考える必要がある。そのためには、長期・継続的な雇用関係のなかで信頼関係が形成されることが重要であるし、そのなかで昇進や「後払い賃金」といった仕組みが労働者の努力や関係特殊な投資へのインセンティブを生むことになる。また、年功による昇進などの「官僚主義」的な仕組みは一見非効率的にみえるが、暗黙的な契約のもとでのレント・シ

「後払い賃金」を確かめる別の方法としては、同じような職種について自営業と企業に雇われている労働者の賃金プロファイルを比較することである。米国のデータを使い、自営業の賃金プロファイルの傾きのほうが緩やかであることが報告されている（Lazear and Moore [1984]）。企業で雇用される場合より多くの訓練を受けるとすると、高年期の相対的に高い賃金はそのリターンを反映している部分もあろう（Prendergast [1999]）。また、仕事を頻繁にモニターしにくい場合、賃金プロファイルの傾きが急であることが示されている（Hutchens [1987]）。より直接的な後払い賃金の検証としては、米国の大企業の同じようなポジションにある新入社員と在籍社員の賃金の差に着目した研究が挙げられる（Kotlikoff and Gokhale [1992]）。両者の生産性は同じと仮定すると新人の賃金がその生産性の代理変数となりうることを強調した。すると、成果の計測し難い事務職の賃金は、若年期には「生産性」よりも低いが、高年期には「生産性」を上回ることが確認された。一方、成果を測りやすい営業職の場合、賃金と「生産性」の乖離はほとんどみられなかった。

ーキング活動を抑制するという意味で重要な役割を果たしているのである。

なぜ、日本で成果主義は失敗したのか

以下では、日本において1990年代から2000年代初めにかけて大企業を中心に成果主義導入ブームがあったがなぜ失敗に終わってしまったか考えてみたい。

1990年代以降、長期経済低迷のなかで企業の労働コスト（労働分配率）はかつてない高まりをみせた。企業は中高年に対しては雇用をできるかぎり守る代わり、成果主義的な賃金制度を導入して賃金を抑制するという方策をとった。一方、若年者に対しては学卒の正規雇用を抑制する代わり、非正規雇用を増加させた。

成果主義的な賃金制度の導入や非正規雇用の増加にあたっては、企業サイドからは、年功的な雇用システムの打破と労働者の成果や能力重視への転換、就業形態の多様化・即戦力の重視といった雇用システムの「効率性」向上が強調されてきた。

まず、成果主義的な賃金制度（評価基準における成果のウエイトを高め、成果評価の結果を賃金や賞与などの処遇と結びつける仕組み）の導入を振り返ってみよう。

1990年代前半には大企業において、人件費負担が高まった管理職に対し、業績に応じて毎年賃金を変動させる「年俸制」がまず導入されていった。また、「年俸制」の導入にあわせて同時期、大企業の間で採用が広まったのは「目標管理制度」（年度ごとの目標設定、その達成

度評価および本人へのフィードバック）であった。一方、経済の低迷が長期化するなかで1990年代半ばからは、これまで管理職が主体であった成果主義的な手法が、「年齢給」の縮小・廃止などという形で労働組合員へも適用される動きが出てくるようになった。

さらに、1990年代末からは、これまでの制度を部分的に修正するのではなく、より包括的な成果主義的賃金制度を導入する企業が増加することになった。たとえば、組合員についても職能資格制度を全廃、年齢給を廃止する一方、職務給や役割給を導入し、成果に応じて変動させる（範囲給）仕組みである。[31]

成果主義的賃金制度の抱えた問題点とは

しかし、このように大企業を中心に浸透した成果主義的な賃金制度は必ずしもうまく機能しているとは限らないことが明らかになった。実際、厚労省「就労条件総合調査」によれば、基本給の決定要素として業績・評価を取り入れている企業の割合は、2000年代前半高まりを

31　2004年には日産自動車、日立製作所、松下電器、ソニー、三菱電機などの日本を代表する企業でこのような成果主義を強める形での組合員の賃金制度の抜本的な改革が行われた。こうした結果、個人の業績を賃金になんらかの形で反映させている企業は、全体で48・2％、従業員1000人以上では82・2％にまで達した（厚生労働省「平成16年度就労条件総合調査」）。

みせたものの、その後低下している。[32]また、賃金制度の見直しにおいても、過去3年間に業績・成果給部分の拡大を行った企業の割合も同様の動きを示している。[33]それでは、成果主義的な賃金制度の問題点は何であったのか。

〈従業員の納得感の欠如〉

第一に、厚労省「就労条件総合調査」にも示されているとおり、成果主義的な賃金制度に対し従業員から十分な納得感が得られていないということである。[34]

まず、成果主義的な賃金制度を導入したそもそものきっかけとしては、前述のようにバブル崩壊後の企業収益の悪化と社員の高齢化で人件費の負担増が企業経営を直撃したため、賃金水準の高い管理職に狙いを定めた賃金抑制が必要なところまで追い込まれたことが大きい。

したがって、賃金抑制がそもそもの目的であれば、当然、成果主義的な制度の適用により従業員のなかには予想したほど賃金が上昇しない、または、低下する者が必ず出てくるわけで、これは従業員からみれば、「後払い賃金」という暗黙的約束の反故、裏切りを意味する。「成果主義」に名を借りた、「だまし討ち」のような賃金カットを行えば、企業と従業員の間にこれまで築かれた信頼関係に悪影響を与えることは明らかである。

また、成果主義的な賃金制度が、上記のように企業業績の悪化に対応した緊急避難的な対応であったため、丁寧で十分な説明と従業員に納得を得る時間的余裕のないまま企業主導の形で導入されたことも大きい。このような導入時の納得感の欠如や余裕のなさが結果的に従業員の不安や不満を生んだことも明らかにされている。[35] さらに、成果主義導入において従業員の納得感を高めるためには、従業員の評価や処遇を決定するプロセスの透明性、公平性を高くすることが必要である。[36]

32　「就労条件総合調査」（調査産業計）をみると、基本給の決定要素として、業績・成果を挙げる企業の割合（複数回答）は、管理職で、64・2％（2001年）、45・4％（2009年）、42・2％（2012年）、40・0％（2017年）、管理職以外では、62・3％（2001年）、44・4％（2009年）、40・5％（2012年）、39・0％（2017年）といずれも継続的に低下した。

33　「就労条件総合調査」（調査産業計）をみると、過去3年間の賃金制度の改定で「業績・成果に対応する賃金部分の拡大」を挙げた企業の割合（複数回答）は、管理職で、14・8％（2004年）、15・9％（2007年）、9・9％（2010年）、8・0％（2012年）、12・3％（2017年）、管理職以外では、18・2％（2004年）、20・8％（2007年）、13・7％（2010年）、11・6％（2012年）、14・1％（2017年）といずれも2007年をピークに低下傾向にあったことがわかる。なお、従業員1000人以上の大企業では、この割合のピークは2004年であった。このように成果主義ブームは2000年代半ばをピークに終わりを迎えたといえる。

34　上記「平成16年度就労条件総合調査」（調査産業計）でも業績評価の問題点として、「評価結果に対する本人の納得が得られない」と答えた企業が最も多くなっていた［31・4％（2004年）］。それ以降の調査でも傾向は変わらなかった［28・5％（2007年）、19・1％（2010年）］。

〈必ずしも従業員の労働意欲を高めない成果主義――補完的な能力開発機会の重要性〉

第二は、成果主義的賃金制度の導入とともに働き方の変化が伴うような補完的な条件整備が行われたが、従業員のインセンティブ（労働意欲）は必ずしも高まらなかったことだ。一方、特に従業員の能力開発がある場合には従業員のインセンティブが高まることが、いくつかの研究で明らかにされている。[37]

成果主義的賃金制度の導入にあたって、それを補完する施策として従業員の能力開発が特に重要なのはなぜであろうか。まず、成果主義的賃金制度導入自体、人材育成へのインセンティブを弱めるためである。部下の教育・育成において短期で結果を出すことは難しい。また、報酬の割に困難を伴うポストに配置し技能を身につけ将来能力を発揮でき、かつ報酬面でも十分保障するポストへ登用するというように、成果と報酬との関係に時間的な「ずらし」を入れるような長期的な視野での人材育成も困難になる。[38]

一方、成果主義を導入すれば従来よりもさらに能力開発が重みを増すことも重要である。[39] 従業員が成果を出すためには、企業は人材育成などを通じ、成果の前提となる従業員の能力を長期的な視点から高める必要がある。また、従業員も、成果主義のもとでは自らの能力を高めるような機会を積極的に求めるであろう。そして、能力を高めた人にはそれを生かせる職務や役職が提供されることで初めて従業員はやりがい、高い労働意欲を維持することが可能となる。

ここで、成果主義的賃金制度を従業員が成果を出すまでのプロセスである「前工程」と、出

35　守島［2005］。大竹・唐渡［2003］は、中部地域83社のアンケート調査を使った分析で、企業側が賃金制度を成果主義的に変更したことは、必ずしも従業員の制度導入の認知度の高まりにはつながっていない、つまり、企業と従業員の間で認識ギャップがあり、企業が考えているほど実際の職場は業績・成果志向になっておらず、成果主義導入の目的が社員に必ずしも浸透していないという。

36　守島［1999a］は、これまでの日本の雇用システムにおいては、短期的に評価や処遇に不満でも、長期的な雇用関係のなかでいずれは帳尻があうことで、人事システムの納得性の心理的基盤が形づくられていたことに着目し、貢献度の短期的変動に対する処遇レベルの感応度が高まってくれば、一回一回での評価や処遇が公平に行われるシステムが重要になると強調した。

37　守島［1999b］、玄田・神林・篠崎［1999, 2001］、大竹・唐渡［2003］。たとえば、玄田・神林・篠崎［1999］は、大企業23社のアンケート調査を使い、「裁量範囲の増加」「仕事の分担の明確化」「成果の重視」「能力開発機会の増加」などの条件整備がある場合、成果主義導入により労働意欲が向上することを見出した。大竹・唐渡［2003］は、成果主義を導入していない企業と比較して、成果主義を導入している企業の従業員の労働意欲を向上させるために特に重要な機能条件は、ホワイトカラー、ブルーカラーに共通して「能力開発機会の確保」であることを示した。玄田・神林・篠崎［2001］も、従業員や企業の属性の違いにかかわらず、「能力開発機会」は賃金制度変更による意欲向上に有意なプラスの影響を与えており、このような補完的な施策のなかで最も重要と結論している。

38　松繁［2005］

39　守島［2005］は、成果主義的な賃金制度を、従業員が成果を出すまでのプロセスである「前工程」と出た成果を評価し処遇に結びつけるプロセスである「後工程」に分けて、「前工程」における能力開発の重要性を強調している。

た成果を評価し処遇に結びつけるプロセスである「後工程」に分けると構図がわかりやすい。つまり、「後工程」である評価・処遇制度の改革は熱心に行っても、その「前工程」である能力開発を同時に強化する企業が少なかったことが、成果主義的賃金制度が必ずしもうまく機能しなかった理由の一つであろう。従業員が成果を上げても能力開発の機会がなければ、「使い捨てにされているだけではないか」という疑念が生まれる。そのため、短期的かつ潜在的な成果の的確な評価と、長期的かつ潜在的な能力開発機会の確保のバランスをいかにとるかが、成果主義導入の成否を決めるのである。[40]

〈「目標管理評価制度」の問題点〉

第三は、成果主義的な賃金制度の導入と同時に多くの企業で導入された「目標管理評価制度」に問題があることだ。「目標管理評価制度」の導入は、評価基準の明確化により評価者の機会主義的な行動を抑制し、被評価者の納得感を高めるとともに、仕事への理解や上司・部下との情報共有を深める効果があると考えられる。一方、目標の達成度で成果が測られる場合は、従業員側はなるべく目標を低く設定しようとするが、企業側は従業員の目標が達成されれば、さらにその目標水準を高く設定しようとする問題もある（ラチェット効果）。[41][42]

評価制度はどうあるべきか

以上みてきたように成果で評価するという成果主義的な賃金制度は、理論的にもまた現実にもさまざまな問題点がある。いまの賃金システムがうまく機能しないからといって安易に飛びつけるような代物ではないことは、これまでの議論から明白だと考えられる。

ジョブ型雇用の場合は、職務が明確に定められ、その職務がこなせるだけの能力・スキルを持った者が雇用される。このため、職務に賃金が紐づけされているのが普通だ。もちろん、評価によって賃金が変わりうるバンドは設定されているが、ローエンドのジョブ型の場合、査定がないこともめずらしくない。このため、一定以上の努力を行うインセンティブはもともと存在しない。

このような状況において、さらなる努力を行うようなインセンティブを付与するには、どうしても成果主義的な賃金スキームが必要になってくる。その場合、一定以上の成果が得られな

40 玄田・神林・篠崎［2001］

41 詳しくは Milgrom and Roberts [1992], Laffont and Tirole [1993] 参照

42 荒川［2005］。たとえば、1990年代前半に「目標管理評価制度」を導入した富士通の場合、2001年には挑戦への意欲やプロセスが重視されるような評価制度への改訂が行われた。しかし、社員が目標達成を過度に意識して、目標を超えた高い業績への挑戦を避ける一方、結果重視のあまり業務のプロセスが軽視されるようになったため、挑戦への意欲やプロセスが重視されるような評価制度への改訂が行われた。

ければ、解雇される可能性がないとうまく機能しないことは明白だ。このため、雇用保護の程度が強く、解雇がしにくい大陸欧州では、ジョブ型と成果主義は結びつきにくいと考えられる。米国のように解雇自由（随意雇用）であるからこそ、成果主義と結びつくと理解する必要がある。

一方、日本のメンバーシップ型無限定正社員システムでは昇進や賃金も年功的な扱いがされ、評価や査定などとは無縁の世界と思われるかもしれないが、実態はかなり異なる。たとえば、小池和男氏は丁寧な聞き取り調査で、米国では生産労働者（ブルーカラー）には査定がないものの、日本の生産労働者には査定があることを確認し、「ブルーカラーのホワイトカラー化」と呼んだ。

日本の賃金制度は、前述のように職能賃金制度で潜在的な職務遂行能力と賃金がリンクする形だ。職務遂行能力は同じ仕事・職務に従事していたとしても経験とともに向上しうるし、異動で仕事・職務が変わったとしても、その能力は落ちることはないので賃金は下がることはほとんどない。しかし、職務遂行能力が具体的に何を指すのかといえば、かなりあいまいだ。年功的な賃金システムの理屈づけのための「フィクション」と考えたほうがわかりやすいかもしれない。

このように考えてくると、メンバーシップ型無限定正社員システムでは、賃金は必ずしも成果や能力に結びついていないといえる。しかし、評価や査定が存在しないということではない。ローエンドのジョブ型よりもよほど実力主義の色彩が強い。評価や査定を行うが、それがその時々の賃金に反映されていないということだ。

それでは、評価は何に反映されるのか。第2章でみたように横並び型の遅い昇進のもとでは、昇進の早さにもあまり結びつかない。むしろ、ポストのランクよりも、花形ポストといわれる部署を経験することで、その時々の評価が評判として蓄積し、直属の上司の裁量に左右されるのではなく、人事部からみて長い目でみたより公正な評価が行われてきたといえる。

長期雇用を前提としているために、落ちこぼれを出さずに全員のやる気、インセンティブを保ち続けることが重要となる。このため、賃金や昇進でなるべく差をつけないことで全員のモチベーションを維持し、チームワーク、結束力を高めることに寄与していたと考えられる。

メンバーシップ型における評価が成果や能力・スキルを基準に行われないのであれば、何で評価されるのか。メンバーシップ型雇用では、ジョブ型雇用のように特定の職務に必要な特定の能力・スキルが評価されて採用されたわけではない。その会社のメンバーとなって組織に貢献しながら、さまざまな職務を経験しながら長ければ定年までやっていけるだけの「潜在能力」を持っているかが問われ、新卒一括採用の時点で確認されることになる。

「潜在能力」とは、いわゆる「地頭の良さ」といった認知能力とやりぬく力や協調性といった性格スキル（非認知能力）に分けることができる。もちろん、「潜在能力」への評価は入社後のさまざまな部署での経験や成果でアップデートされていくことは、いうまでもない。

「潜在能力」とともに重視されているのは「やる気」であろう。「やる気」＝エフォート（努力）と考えていいだろう。これまでみてきたように、通常、雇用主と従業員の間には情報の非対称性、つまり、雇用主が従業員の努力水準を観察できないことから成果という代理変数で評価するというのが成果給のポイントであった。しかし、日本の場合、メンバーシップ型雇用のもとでは、組織内の情報共有の効率性は高く、従業員の努力水準が比較的みえやすい環境にあったといえる。

「やる気」が評価にとって重要であり、成果＝アウトプットで評価されるわけではないなら、従業員の立場からすれば、インプット＝労働時間を長くすることで「やる気」をアピールすることが最適な戦略となってくる。これが慢性的な長時間労働につながっていたことは間違いない。

雇用契約がメンバーシップを得る契約になっていることを考えると「その組織のメンバーとしてどれほどふさわしい人物が貢献を行っているか」というのが、重要な評価基準となるだろう。「ふさわしさ」とはその組織を愛し、そのメンバーと良好な人間関係を形成・維持できることが前提だが、「組織ファースト」で考えることができるか、言い方を変えれば、「組織のためにあえて自己犠牲を払うことができるか」で測られているといっても過言ではない。

無限定正社員であれば、自分の意に沿わない仕事であったり、家族や自分のプライベートが犠牲になる転勤や残業も文句を言わず、受け入れていかなければならない。正社員の「無限定性」はまさに彼らの「自己犠牲」の上に成り立っていたわけで、「自己犠牲」が評価の重要な位置を占めていたのである。その意味からも、長時間労働は組織への自己犠牲の最もわかりやすい指標である。どれだけ自己犠牲できるかという「我慢大会」を勝ち抜いた者が評価され、昇進していくという風潮があったことは事実だ。

1990年代以降、日本の雇用システムの問題点として長時間労働や転勤単身赴任などを厭《いと》わない、いわば、会社に飼いならされ、いいなりになるような「社畜」「会社人間」という言葉が脚光を集め、長時間労働是正やワークライフバランスの必要性が叫ばれるようになった。

しかし、掛け声ばかりで一向にそうした問題点が是正されてこなかった背景にはむしろ、こうした「自己犠牲」が評価の対象であり、残業代や出世という見返りがあったことを忘れてはならない。そうした見返りがあることは、本人のみならず家族も了解済みであったともいえるかもしれない。

しかし、時代の変化のなかで若い世代を中心にこうした組織への「自己犠牲」に対してノーを突き付け、自分のプライベート・ライフ、家族との時間を重視している人たちも確実に増えてきているようにみえる。つまり、「自己犠牲」で組織の一体性や組織力を高めることができる時代ではなくなっているという認識が重要だ。

しかしながら、組織の一体性や組織力自体の有用性が薄れているということではない。「自己犠牲」ではなく、個々の多様な力を生かしながら、組織の一体性を高める方策が求められているといえる。そうした時代にふさわしい評価のあり方は、第8章で議論することとしたい。

第4章

企業組織の情報システム

「対面主義」の経済学

1　働き方を裏から支える情報システムとは？
——経済学からのアプローチ

これまでの章では、雇用システム、すなわち、企業組織における働き方に着目してきたが、本章ではそれを裏側から支える組織内における情報システムに着目してみよう。企業における情報システムとは、「企業がさまざまな業務を執行するにあたって不可欠な意思決定において、組織内で情報が入手、処理、伝達、共有される仕組み」と本章では定義しよう。

企業の（内部）組織を経済学の立場から分析する場合、相互に補完、関連する2つの側面、つまり、上記の「情報システム」と「インセンティブ・システム」に分けて考えるのが通例である。「インセンティブ・システム」は、主に企業（雇用主）がその意向に沿うように労働者が働くように導くインセンティブの仕組みである。これまでの章で論じてきた人事・雇用管理の仕組みは、この「インセンティブ・システム」に対応していると解釈できる。

企業組織を考える場合、なぜ、情報システムを考える必要があるのであろうか。また、それがなぜ、人事・雇用システムと連関するのか。たとえば、構成員が1人のみの企業を考えてみよう。彼は、従業員であると同時に経営者でもあり、その企業のオーナーかもしれない。1人なので、業務遂行のための意思決定に必要な情報は全部自分で入手する必要があるが、それを他者へ伝達したり、共有する必要はない。つまり、この場合は、情報システムは必要ないということになる。また、1人なので企業の利益と自分の利益は一致し、従業員が必ずしも企業の意向に沿わないといったインセンティブの問題も発生しない。つまり、インセンティブ・システムを考える必要もなくなるのだ。

しかしながら、通常、企業は組織であり、組織の構成員は複数である。企業規模が大きくなれば構成員の数も増えていき、情報の入手、処理、伝達、共有する仕組みである情報システムや従業員のインセンティブを適正化するインセンティブ・システムの必要性、重要性は、当然のことながら高まることになる。

もちろん、組織の構成員がいくら増えたとしても、誰もが同じ情報を瞬時に共有することができていれば、情報システムは必要ないかもしれない。しかし、現実の組織を考える場合、決定的に重要なことは、組織内である意思決定を行う者がそのために必要な情報をすべて保有しているとは限らないということだ。その場合、組織内でその意思決定を行うために必要な情報を保有している者から意思決定を行う者に情報が伝達されることが、必要になる。適切な意思決定ができるかどうかは、いかに迅速かつ的確にそのような情報が伝達されるかに大きく依存することになる。

また、ある特定の情報を組織内で最初に入手する場合、誰がその役割を受け持つかで情報入手・生産の効率性は異なるといえる。組織内で誰が情報を生産・入手、伝達といった異なる役割を受け持ち、誰がその情報にもとづいて意思決定を行うかによってさまざまな意思決定・情報システムを考えることができるのだ。

もちろん、意思決定を行う者が情報システムを通じて常に必要な情報を得ることができたとしても、企業にとって適切な意思決定が行われるとは限らない。意思決定を行う者が企業とは異なる目標を持つことがあるからだ。だからこそ、先に見たインセンティブ・システムが必要となるわけで、効率的な組織運営を行ううえで、情報システムとインセンティブ・システムは「車の両輪」といえる。

組織内の分業とコーディネーションを司る情報システム

このように情報は組織内において分散・偏在化している、つまり、「特定の時間と場所のもとにいる人のみ利用可能な現場情報」が存在することを強調したのは、経済学の碩学、ハイエクにさかのぼる。[1]

意思決定に関する情報処理能力には個人、部門単位で限界があることを考えると、まずは、組織内で情報処理の分業を行う必要がある。

一方、組織にとっては単に情報処理の分業を行えば事足れりというわけにはいかない。最終的な組織の意思決定に役立てるためには、分業された情報処理がバラバラのままではなく、伝達・共有を通じて必要とする個人・部門がつながる必要がある。そのために必要なのが、部門間における調整（コーディネーション）である。このため、「情報システム」とは、情報が生産、処理、伝達、共有などを通じて組織内の部門間、構成員間の活動の分業とコーディネーションを司る仕組みと考えることができるのだ。

経済学で情報システムが軽視されてきた理由

しかし、経済学においては、情報システムは活発な研究の対象ではなかったことも事実である。経済学において明示的に考慮されてこなかった背景としては、以下が考えられる。

まず、伝統的な経済学で仮定されている競争的な市場（完全競争市場）では、先述のような情報システムを考える必要はないからである。市場参加者である無数の同質的な企業、消費者は、市場で取引される同質的な財の価格という情報を瞬時に費用なしに入手することができ、それを所与にして企業や消費者が合理的・最適な行動を行うことが仮定されている。つまり、企業、消費者にとって必要な価格の情報については、常に把握されており、組織内で起こるような情報の分散・偏在はないことが仮定されているのだ。

別の言い方をすれば、完全競争市場では、価格メカニズムという「情報システム」を通じて財の最適な配分を導くさまざまな活動が、自動的に調整（コーディネーション）されているの

1　Hayek [1945]

である。したがって、最適な資源配分を達成するために、経済主体間のコーディネーションを司る情報システムを明示的に考える必要はないのである。

一方、企業のような組織の場合、そのような価格メカニズムのコストは禁止的に高いかもしれない。同じ企業の部門ごとのやり取りや取引でお金を介した売買を行うことは相当大変なことは、容易に想像できよう。したがって、価格メカニズムによる市場的なコーディネーションを代替する、組織的なコーディネーションとそのための「情報システム」を、考える必要があるのである。

第二は、市場ではなく、組織が分析対象であったとしても、組織内の構成員に対して、真の情報を開示させる適切なインセンティブが与えられれば、情報は組織のメンバー間で完全に伝達されうる、つまり、「情報構造は無関係」という仮定（「顕示原理」〈revelation principle〉）が成り立つことが重要である。要は、情報の問題はすべてインセンティブの問題に置き換えることができると主張する仮定だ。しかし、「顕示原理」は、情報伝達が技術的（動機的にではなく）費用を伴わないという強い仮定に依存しており、必ずしも現実的仮定とはいえない。

2 情報システムと組織構造の関係

どのような組織構造も、異なった業務を行う部門に仕分けされ、それが上位・下位関係でツリー構造になる階層的構造を持つことが普通である。このような組織構造を考えると、それぞれの部門間での情報の伝達・受け取りや活動のコーディネーション、意思決定は、どのようなものが最適であろうか。

ここでは経済学で示されてきたいくつかの理論的モデルを紹介しよう。最初に、情報収集および伝達のためにはコスト（時間、金銭的コスト）がかかることを仮定しよう。

最適な情報システムを考える場合、情報処理に要した時間をいかに最小化させるかを考えてみよう。この場合、組織で情報処理を開始してから終了するまでに要した時間（情報処理の「遅れ」）に着目するのと、情報処理に関わった者が要した延べ時間に着目するのとでは、最適な組織形態は異なる。[2]

後者の仮定の場合、[3] 情報処理の専門性も仮定し、特に、情報の収集か伝達いずれかの処理に特化したほうが効率は高まると考えると、構成員の情報処理負担が均等化され、情報システムは通常のピラミッド型となり、最下層の構成員は情報の収集に特化する形態が最適になることが知られている。これは、わたしたちが通常イメージしている組織形態と似通っているといえる。

2　情報処理の「遅れ」を最小化する場合、最適な組織形態においては、トップが働き詰めになり大きな負担がかかり、現実的といえない。Radner［1992］参照。

「比較情報効率性論」による組織構造の分類

さまざまな条件のもとで部門ごとでの情報処理と部門間の活動のコーディネーション、さらにはそれらにもとづいた意思決定、つまり、これらをひっくるめた組織構造はどのようなものが最適であるかをより現実的に考えるうえでは、情報の不確実性のもとで「情報システム」の優劣を論じた「比較情報効率性論」[4]が参考になる。

この理論では、企業は経営管理的な仕事を行う上位部門とその下で現場での仕事を行う下位部門の2層に分かれ、下位部門は、異なる仕事を行う2つの小部門に分かれるような簡単な組織形態を考えている。そのうえで、たとえばマクロ経済の先行き予想のように組織全体に影響を与えるものの、不確実性のある情報の処理の仕方で異なる組織形態のプロトタイプを示した。

より詳しくみれば、組織のなかで入手できる情報のタイプが異なるとともに、その組織パフォーマンスへの影響も異なり、情報自体が確率的に変動し、不確実性を伴うような場合を仮定しているということだ。具体的に、Mというマネジメントが上位階層にあり、その下に生産活動を行うW_1、W_2という現業部門があり、そこでの2つの生産物X_1、X_2のインプットにより最終生産物を効率的（コスト最小）に生産することを考えてみよう。

ここで、EMを両方の部門に共通して影響を与えるシステム環境条件、E_1、E_2をW_1、W_2それぞれのみに影響を与える個別環境条件とする。先にみたマクロ経済の先行き予想はシステム環境条件といえる。それぞれの環境条件は不確実性を伴って実現する、つまり、事前に予想することは可能であるが、実現されたかという情報、E_1、E_2はW_1、W_2それぞれのみが入手可能とする。

古典的ヒエラルキー組織

最も古典的な組織形態（古典的ヒエラルキー）は、上位階層のマネジメントが情報処理をす

3 そこで、Bolton and Dewatripont [1994] は、組織の構成員が情報処理に費やした「時間の総和」を最小化する仕組みを考えるとともに、情報処理の専門化による利益を考慮した。具体的には、構成員は自分の費やす情報処理の時間が短いほどその業務を行う回数が多くなるため、情報処理の効率性が高まることになる。一方、組織内ではその効率性は構成員のなかで最も低いもので統一されるという状況を考えた。この場合、組織の情報処理時間の総和は業務の繰り返し頻度による情報処理効率性に強く依存するので、専門化の利益を出すためには、特定の人に大きな負担がかかるのは避けるべきであり、負担が均等化し、情報処理効率性が高まるように上司と部下の間の情報処理業務の配分が行われる必要がある。Garicano [2000] は、組織内で生産に求められる知識獲得をその難易度・レベルに応じて分業することを仮定すると、部下の持っていない（例外的な）知識を持つ者が上位の階層に位置する「知識にもとづいたヒエラルキー」が考えられ、通常のピラミッド型の組織形態が最適になることを示した。

4 チーム理論にもとづきスタンフォード大学名誉教授、故・青木昌彦氏が展開した理論（Cremer [1980], Aoki [1986, 1995, 2001]）。

べて行い、下部部門はいずれもマネジメントの命令に従い生産水準を決めるような組織形態である。具体的には、現業部門でない経営側がそれぞれの環境条件についての事前予想にもとづきW_1、W_2の生産水準を決定し、現業部門は情報収集を行わないような情報システムである。

つまり、古典的ヒエラルキー組織では上位部門のみが情報処理を行い、下位部門へ命令として伝え、下位層の2つの部門は情報共有を行わない。意思決定の観点からいえば、マネジメントに意思決定が集約されている点で、完全に集権型、トップダウン型の組織形態といえる。

これは、経営部門と現業部門が分離し、現業部門も徹底した分業を行うという、第1章でも論じたかつての米国の製造業システムを特徴づけた科学的労務管理法、テーラーリズムにほかならない。分業を徹底して行うという意味では、職務が限定されているジョブ型雇用と補完的となっている。

現場の情報処理向上を前提とした組織形態の3つの類型化

しかし、現場部門の情報入手・処理能力が向上してくれれば、現場がそれぞれの個別情報を入手、推定するほうが効率的となる。その場合、システム環境条件の情報をいかに扱うかで、以下のように3つの組織形態を考えることができる。

第一は、マネジメントのみがシステム環境条件の情報を入手でき、その推定値を現場に伝え、それにもとづいて現場で意思決定が行われる「ヒエラルキー的分割」組織である。

第二は、システム環境条件をW_1、W_2が共同して観察し、得られた共通情報（推定）にもとづき現場が意思決定を行う「情報同化」（または、「水平的ヒエラルキー」）組織である。現場での水平的な情報共有・コーディネーションが行われるような「情報同化」・「水平的ヒエラルキー」システムは、戦後の日本企業の「情報システム」を特徴づけたものと考えられてきた。[5]

さらに、日本企業の情報システムについては、下位層の2つの部門の間のみならず、上位層、下位層との間においても情報共有を行いながら情報処理を行うような組織形態であり、情報同化が垂直的・水平的に行われてきたことが重要だ。

組織のタテ、ヨコ両方においてきめ細かな情報の伝達・共有を行い、それぞれの活動において綿密なコーディネーションを行うためには、職務の範囲も必然的に広くなるとともに、従業員がさまざまな部門を経験するほどこうした情報処理やコーディネーションは容易になるであろう。一方、綿密な部門間調整を行えば、必然的に労働時間は増加するであろう。

このようにみると、先にみた日本の無限定正社員システム、メンバーシップ型雇用は、「水平的ヒエラルキー」型の情報システムと補完的であるといえる。

なぜなら、無限定正社員メンバーシップ型システムでは、人事部の強い人事裁量権を背景に、

5 Aoki [1988]

定期的に人事異動が行われるため、部門内、部門外、また、転勤など通じて、他の部署の仕事を経験し、そこでしか得られない情報を自ら入手・共有したり、職務の幅が広がることが、組織内の異なる部署との間での情報伝達・共有を容易にしていると考えられるからだ。また、こうした多様で綿密な情報共有・コーディネーションは多大な時間を要することになるが、無限定正社員の労働時間の無限定性（要求されれば残業を断れないこと）がそれを可能にしてきたといえる。

第三は、システム環境条件がW_1とW_2で独立的に観察され（情報交換は行われない）、その推定にもとづきそれぞれの現場が分散的に意思決定を行う「情報異化」組織である。「情報異化」型は、産業・製品アーキテクチャーで議論される「モジュール」型に対応する。[6]

ここで示した3つの組織形態の効率性は、与えられた環境や条件によって異なるであろうか。まず、現場の2つの部門の業務の相互関係に着目してみよう。たとえば、それぞれの部門での情報処理の精度が等しいとすると、現場の両部門の業務の補完性が高いほど、密接なコーディネーションが重要となる。このため環境変化に同方向で対応する「情報同化」組織が「情報異化」組織よりも効率的になるのは、直観的に明らかであろう。[7]

次に、システム環境条件と個別環境条件との相対的関係に着目してみよう。たとえば、システム環境条件の不確実性が個別環境条件よりも非常に大きい場合、個々の部門でシステム環境条件を推定すると、その推定誤差が大きくなってしまうであろう。このため、マネジメントがシステム情報を統一的に推定し、現場に伝えるような「ヒエラルキー的分割」は、「情報同化」よりも効率的となりうる。一方、システム環境条件の相対的不確実性が非常に小さい場合、システム環境の情報を共有する必要が小さくなり、「情報異化」が効率的になる。したがって、日本企業の特徴とされる「情報同化」・「水平的ヒエラルキー」型情報システムは、現業部門での業務の補完性が大きく、技術や市場などのシステム環境の不確実性が中程度の場合、最も効率的であることがわかる。

3 日本企業の「情報同化」・「水平的ヒエラルキー」情報システムの特徴——暗黙的・文脈志向的情報処理

実際、1980年代までの日本経済を振り返ると、マクロ経済からみれば景気循環を経験しながらもプラスの成長率が上下する成長サイクルにとどまり、比較的安定した高成長が実現されシステム環境の不確実性は高くなかったといえる。また、自動車や総合電機などの製造業では産業特性として部門ごとの「摺り合わせ」(水平的コーディネーション)が重要であり、技術

6 青木・安藤 [2002] 参照
7 Cremer [1980]

開発も革新的なイノベーションよりも改善型のイノベーションが求められていたわけであり、特に、「情報同化」・「水平的ヒエラルキー」型情報システムがマッチしていたといえ、1980年代まで顕著であったこれらの産業の高い国際競争力、優位性に貢献してきたといえよう。

以上、日本の特に大企業を中心に組織のタテ、ヨコの情報伝達・共有、部門間、従業員間のコーディネーションを行う「情報同化」・「水平的ヒエラルキー」型情報システムは、無限定正社員・メンバーシップ型雇用システムと強い補完関係を持っていることを示した。

組織のなかでさまざまな部門と情報の伝達・共有を行い、綿密なコーディネーションを行うことはもちろん多くの利点があるが、その裏で企業や従業員に負担をかけている点も見逃せない。特に、そうした情報システムの活用が自分だけで仕事を完結できないことを通じて従業員の長時間労働につながっていた点は、否めないであろう。

このように考えると、こうした情報システムの運営におけるコストをいかに低下させるかが、重要な視点となる。こうした観点から、「水平的ヒエラルキー」情報システムに内在化されている情報処理の特徴として、故・青木昌彦氏は、多くは形式化されておらず「暗黙的」であり、他部門の認知や解釈も考慮に入れる必要があるという意味で「文脈志向的」であると強調した。

まず、「暗黙的」の意味であるが、生産・伝達・共有される情報が必ずしも明文化（文章化）、書面化されていない（明示化されていない）と考えればよいであろう。断片的な口頭でのコミユニケーション、身振り手振り・表情などで伝えられるような情報である。いちいち文章化、書面化する必要がない分、情報の伝達・共有コストは低いといえる。

また、「文脈志向的」とは、情報の送り手、受け手双方とも、この情報がどういう文脈のなかで位置づけられているのかを逐一説明しなくても誤解なくお互い理解しているということだ。この場合、当該情報の関連する文脈の説明を省略できるという意味でやはり、情報の伝達・共有コストを節約していると解釈できる。こうした特徴をもう少し平たく言えば、「以心伝心」「あうんの呼吸」「空気を読む」「一を聞いて十を知る」がうまく機能している情報システムといえよう。いずれにせよ、職場内で生まれる暗黙知が重視され、活用されてきたことは疑いない。

暗黙的・文脈志向的情報処理を行うための企業組織の要件——場の共有と構成員の同質化

しかし、この「暗黙的」「文脈志向的」な情報処理を行うためには、やはり、企業組織においてこれまで以下の条件が重要と考えられてきた。第一は、「場の共有」である。同じ時間、同じ場所を共有することで組織の構成員（従業員）が「暗黙的」「文脈志向的」な情報処理をより効率的に行えるためである。時間が一致しなかったり、場所が共有できなければ、情報伝達手段は、郵便、メール、ファックス、電話の場合、文章化が必要であったためである。

日本の通常のオフィスワーカーの場合、職場は大部屋であることが普通である。一方、欧米の場合、少人数の共有はあるものの個室であることが多い。日本の場合、こうしたよりオープンな大部屋中心の職場形態が「場の共有」に貢献していたといえる。「場の共有」の重要性は、「大部屋主義」「対面主義」と言い換えることができよう。

第二は、組織の「構成員の同質性」である。「暗黙的」「文脈志向的」な情報処理を行うためには、構成員のなかで知識や経験、考え方・発想・価値観についてそもそもかなりの部分でもともと共有されていることが重要だ。言い方を変えれば、構成員がさまざまな観点からかなり同質的であることが要求されているといえる。構成員がかなり異質の場合、「以心伝心」「あうんの呼吸」はそもそも難しいことは、容易に想像できる。

新卒一括採用の役割

企業の従業員の同質性を高めるためには、まず、採用の仕方が重要となる。そこで重要な役割を果たすのが新卒一括採用である。これまでも論じたように、特に、大卒文系であれば、特定のスキルや専門性を求められて入社するわけではない。地頭、人間性、言い換えれば認知・非認知能力を総合的にみるわけだが、最後は自分の所属する「仲間」になれるかということが、意識するしないにかかわらず採用側の大きなポイントとなる。

その際、当然、学歴や人生経験、考え方・価値観など自分たちと近い、同じような人間を選んでいるといってても過言ではないであろう。もちろん、新卒一括採用ではまとまった人数の採用を行うため、そのなかで出身大学なども含めある程度の多様性への配慮があることには留意が必要だ。

また、新卒一括採用では、採用者はまだ社会に出て経験を積む前の段階で「色」に染まっていない、言い換えれば「白地」のような存在であり、企業が自分のカルチャーに合うように染めていくことも容易である。そのプロセスが、企業内で「同じ釜の飯を食う」「寝食をともにする」というプロセスである。

つまり、同じ場所（＝職場）で同じ時間をともにするという先にみた「場の共有」を新卒から長い期間にわたり継続することで、「構成員の同質化」はさらに強化されると考える。つまり、「場の共有」と「構成員の同質化」は、補完的な関係にあるのだ。

「場の共有」「構成員の同質化」を通じて、企業の従業員の考え方、行動の「ベクトル」を揃えていくことが容易になる。要は、企業のなかに比較制度分析の言葉でいう「共有化された予想」を形成することが容易になり、それが組織内における従業員の秩序だった協調的な行動を生むと考えられる。

以上、無限定正社員・メンバーシップ型システムという雇用管理・インセンティブ・システムの裏側で機能していた情報システムは、「情報同化」・「水平的ヒエラルキー」システムであり、企業の垂直・水平的な情報処理、コーディネーションにその特徴があるとまとめられよう。

そして、この情報システムを支えていたのは、「場の共有」「構成員の同質化」であった。

場の共有と構成員の同質化が生んだ「大部屋主義」「対面主義」への信仰

こうした情報システムを支えていた、「場の共有」「構成員の同質化」の双方が相まって同じ場所で同じ時間を共有することの利点を説く「大部屋主義」「対面主義」を生んだと考えられる。こうした「大部屋主義」「対面主義」への信仰（絶対視・憧憬）は当然、所属する企業における勤続年数が長い、中高年管理職ほど強いようだ。

その一方で、こうした「大部屋主義」「対面主義」への信仰は後述のように、在宅勤務の推進を妨げる本質的な要因にもなっている。日本企業が築き上げてきた「情報同化」・「水平的ヒエラルキー」システムは、人力の活用を前提としたシステムとしては非常に効率的であったかもしれないが、ＩＣＴ革命以後、さまざまな新たなテクノロジーの活用が可能になっている状況下でどう対応していくべきか、大きな課題にわたしたちは直面しているといえる。次章以降でさらに検討することとしたい。

第 5 章

ポストコロナ・AI時代にふさわしい企業組織・人材・働き方の「見取り図」

序章で述べたように、コロナ危機、ＡＩを含むＤＸの激流のなかでわたしたちを取り巻く時代や環境は大きく変化してきている。企業が企業組織、人材育成・活用、働き方を変革しようとする場合、こうした環境変化を踏まえて企業がめざすべき方向性を考えることがまず重要だ。もちろん、すべての企業が同じ方向に向かわなければならないということはない。産業や企業ごとに環境条件や課題は異なるし、変化に対する対応も違って当然である。しかし、多くの企業が直面している重大な環境変化に注目すれば、それらはいずれの企業も検討すべき課題であることも事実である。

新たな時代に向けた働き方を考えるためには、まずは大きな環境変化を特定し、そのもとで企業が何をめざすのか、また、従業員はどういう存在であるべきかを考えることが避けて通れない。

企業を取り巻く時代・環境にどのような変化が起きているのか。大局的に捉えると、序章で述べたように４つの大きな環境変化が起きていると考えられる。①マクロ経済の環境変化、②労働力をめぐる環境変化、③資本をめぐる環境変化、④テクノロジーをめぐる環境変化である。それぞれについて本章ではより詳しく検討しよう。

1 マクロ経済の環境変化

第一は、マクロ経済の環境変化である。1980年代までのマクロ経済、産業レベルでの安定的な高成長は期待できなくなって久しい。潜在成長率の低下により、高成長経済から低成長経済へ移行してきていることは確かだ。1980年代までは不況期でも実質3%程度の経済成長であったことを考慮すれば、大きな変化である。

マクロ経済の環境変化については、成長率の低下のみならず、安定的な成長が期待できなくなっていることも忘れてはならない。経済の不安定化ということでいえば、確率的な予測にもとづくリスクの高まりというよりも不確実性が増大していることが重要だ。つまり、想定外のことが頻繁に起こることが珍しくなくなってしまったということである。

2010年代以降では、東日本大震災(2011年)、リーマンショックを契機にした世界経済危機(2018年)、そして今回のコロナ危機やロシアのウクライナ侵攻と、大きな危機が相次いで生じている。企業にとっては、過去の経験や前例の踏襲ではまったく対応できない想定外の状況が頻発しているのだ。

それでは、マクロレベルでの安定的成長から不安定な低成長への移行は、企業にとってどのようなインプリケーションをもたらしたのであろうか。1980年代までは、端的にいえば

「モノをつくれば売れた時代」であった。マクロ経済の成長が産業や市場の成長を約束する、つまり、企業が直面する市場は持続的に拡大していくことが期待できた時代といえよう。このような環境下では、ライバル企業に出し抜かれないように横並び行動でシェアを維持することが重要であった。

こうした状況下では、ライバル企業と別の道をいくことはむしろリスクを高めることにつながる。安定的な環境では、企業の戦略においても、大きな失敗をしないことが重要であるし、人事評価は減点主義になりやすい。また、入社年次に従ってポストを回していく「順繰り人事」を前提とした前例主義が踏襲されやすいといえる。こうした企業の戦略とメンバーシップ型の人事は、相性が良かったといえる。

売れることがわかっていれば、他の企業と差をつけるためには少しでも高品質のものを安く売ることが重要だ。この場合、企業がめざすべきイノベーションは、プロセスイノベーション、漸進的イノベーションだ。つまり、漸進的・継続的な改良、コスト・品質改善を行うことである。この場合、やはりメンバーシップ型の雇用を前提とした組織力、部門間のコーディネーション・摺り合わせが重要となり、メンバーシップ雇用が大きな役割を果たしてきた。

一方、マクロ経済の安定的な成長が約束されていなければ、つまり、産業ベース、市場ベース、企業ベースでみても成長が約束されていなければ、他の企業と同じことをやってマーケットを分け合うこと、つまり、シェア維持をめざす横並び行動は、成長を生まないから意味がなくなる。

企業は横並び行動から脱却し、自らの成長を高めるため、ライバル企業と違う道をめざす必要がある。そこでは当然、失敗がつきものであろうし、試行錯誤の連続であろう。しかし、特に日本の伝統的な大企業にみられるような、失敗を許さない減点主義は、こうした試行錯誤を行ううえで大きな妨げになる。失敗を恐れず、チャレンジができる企業文化を育んでいく必要がある。

また、不確実性が増大し、想定外の大きな環境変化がすさまじいスピードで進展するとなると、過去の成功体験や前例主義がまったく通用しなくなる。このため、「順繰り人事」の背景となっていたメンバーシップ型雇用・人事も見直さざるをえない。

また、イノベーションも漸進的・継続的な改善ではなく、画期的・抜本的なプロダクト・イノベーションをめざし、潜在的な需要を掘り起こしていくことが重要となる。これまでなかった革新的な商品を編み出し、売り上げを伸ばすような根本的で質的な変化を伴う成長の実現が、必要となるのだ。そのためには組織力・集団力よりも、組織の個々の構成員のイノベーション力、構成員の多様性がカギとなる。

イノベーションは、シュンペーターが論じたように無から生まれるのではなく異なる既存の知が結合する、つまり、新結合がその本質であることを忘れてはいけない。言い換えれば「三人寄れば文殊の知恵」である。こうした状況を生み出すためには、イノベーティブな成長を遂げることができる人材に多様性がなければならないということだ。

このようにみると、どんな仕事でもこなさないといけないため必然的に「なんでも屋」になり、特定の能力や技能を身につけた専門家やプロになりにくく、また構成員が限りなく同質的になることを求めるメンバーシップ型無限定正社員システムでは、こうしたイノベーション力や多様性の担い手になることはかなり難しいといえよう。

もちろん、構成員の力が高まり、多様性が増せば、構成員が組織の外に飛び出していくような「遠心力」が発生する。つまり、単に多様な人材を集めただけでは、組織はバラバラになりやすい。彼らを束ねたり、インタラクトして新たな革新を生み出していく仕組みや仕掛けが必ず必要になる。したがって、組織として機能するためには、組織が個々をつなぎとめるような、「遠心力」に負けない「求心力」を生み出すことが重要だ。

このように企業は独自の道を切り拓き、他の企業といかに差別化を図るかが、この四半世紀においても大きな課題であり続けてきた。それでも日本企業は対応に苦慮し続けているということであろう。しかし、この流れは今後も変わらないであろうし、新型コロナ危機を経験し、DXのさらなる進展が求められるなかでより加速しているといっても過言ではない。

2 労働力をめぐる環境変化

第二は、労働力をめぐる環境変化である。1980年代半ば頃までは、日本企業は豊富な若年労働力の恩恵を十二分に受けてきた。しかし、今世紀に入ってから、人手不足・少子高齢化・人口減少という問題がより深刻になってきている。

かつては、メンバーシップ型雇用のポイントである新卒一括採用で豊富な若年労働力を囲い込むことが可能であった。豊富な労働力のメインは、男性プライム・エイジの正規雇用の労働者であり、縁辺を学生、女性、高齢者の非正規雇用労働者が支えるという構図であった。

一方、少子高齢化のもとで労働力不足を少しでも緩和し、労働参加率を高める必要がある。しかし、労働参加率の上昇が非正規雇用の拡大という形で進むのであれば、格差の問題も深刻化してしまう。このため、労働参加がいっそう求められる女性、高齢者を中心に、外国人も含め正社員として働きやすい雇用システムへ転換していくことが不可欠である。

具体的には、これまで論じてきた無限定正社員システムから多様で柔軟な働き方への転換である。その実現のためにはさまざまなアプローチ、手段がありうるが、重要なのはジョブ型雇用や、場所・時間によらない働き方（フレックスタイム、テレワーク）のさらなる普及である。

なぜなら、女性の場合は家族の状況、また、高齢者の場合は特に健康状況が多様であり、無限定正社員という単一的・同質的な働き方に押し込めることができないからだ。そのため、それぞれの状況に応じて多様な働き方を選択できることが、何よりも重要となる。

正社員という形で労働参加率を高めるためには、やはり、従来のメンバーシップ型無限定正社員システムをそのまま維持するわけにはいかない。なぜなら、それが1990年代以降、正社員の新規採用・賃金抑制と雇用の不安定な有期雇用の大幅増につながってきたためだ。

無限定正社員の場合、無限定性という暗黙の契約が上乗せされている分、雇用保障や待遇が手厚くなっていると解釈できる。正社員の待遇が欧米よりも割高になっていることは、日本の場合、1990年代以降の非正規雇用の増大や正規雇用への転換の難しさにつながっていると考えられる。ジョブ型雇用をより普及させることは、こうした正社員という形での労働参加率向上に資すると考えられる。

女性の労働力率を高めるには、上記のような労働需要の側面とともに、労働供給からの視点も見逃せない。女性を取り巻く環境変化をみると、1990年代以降、女性の高学歴化は着実に進んできている。結婚しても専業主婦・パートが当たり前であった時代から、正社員を希望し、結婚・出産を経ても勤め続けることが前提の時代になってきている。

夫が一家の大黒柱、妻が家庭を守るという片働き家族システムは、無限定正社員システムと補完的であった。なぜなら、一家の大黒柱である夫が転勤、残業なんでもありの無限定正社員であれば、妻は必然的に専業主婦として家庭を守ることが求められたし、その時間的制約から仕事に就くとしてもパートタイマーしか選択肢がなかったわけである。また、女性が結婚、出産を経ても正社員としてキャリアを継続することは、夫が主夫になる、また、両親と同居してサポートしてもらうという特別な状況でないかぎりは、無限定正社員システムのもとでは無理なことは明らかだ。

夫も妻も無限定正社員であれば、子育てはままならない。共働きの夫婦が子育てをするには、両者がともに長時間労働というわけにはいかない。長時間労働を抑制し、ワークライフバランスが当たり前にならなければならないからだ。正社員を前提に考えると、妻または夫がジョブ型正社員であることが必要だ。その観点からも、ジョブ型雇用は避けて通れない。

夫婦共働きがデフォルトになる家族システムが求められているのであれば、それと補完的な雇用システムの構築が必要となる。このように女性の活躍を推進するのであれば、女性の働き方のみに着目するのではなく、むしろ「男の働き方」を変える、つまり、従来の無限定正社員システムを見直し、ジョブ型の要素を取り入れるなど、ワークとライフのバランスが男女ともにとれるようにすることが必須だといえる。

また、高齢者の労働参加率を高めるという点については、70歳までを視野に入れた高齢者雇用への対応はまさに待ったなしの状況であり、すべての企業が対応を迫られている課題ともいえる。メンバーシップ型無限定正社員システムがジョブ型正社員システムと大きく異なる特徴の一つは、キャリアの「入口」と「出口」だ。

前者は新卒一括採用システムであり、後者は定年制である。少子高齢化で特に影響を受けているのは、後者の「出口」だ。なぜなら、年金、医療などの社会保障制度の持続性を大きく揺るがすことになっているためだ。持続性を担保するためには消費税率の引き上げなどの財源対策が必要なことはいうまでもないが、それだけではもちろん十分ではない。年金の支給開始年齢の引き上げ、高齢者の医療費の自己負担引き上げは、避けて通れない改革だ。そのためには、高齢者の引退年齢を併せて引き上げる必要がある。

特に、大企業の場合は、ほとんどが定年制を採用しているため、定年の年齢を引き上げることは理屈上自然な対応であろう。しかし、メンバーシップ型無限定正社員システムでは、途中から定年の年齢を引き上げることは非常に困難を伴う。なぜなら、後払い型賃金は定年で辞めてもらうことで長年の企業への貢献とその対価である賃金総額が釣り合うようになっているため、定年を延長すれば同じ賃金を支払うことができなくなるためだ。

このため後払い型賃金を弱めるような賃金制度改革を行う必要がでてくるが、キャリアの途中での変更は難しい。後払い賃金は、企業と従業員の間の長期の暗黙の契約のうえで成り立っているからだ。実際、戦後、年金の支給開始年齢が55歳から60歳に引き上げられたが、それに対応して60歳定年制が行き渡るまで四半世紀が費やされたことから、制度的な定年引上げは難しいことがわかる。

また、賃金システムの変革は、少子高齢化・人口減少による企業の人員の年齢構成変化からも迫られている。かつては、豊富な若年労働力を背景にピラミッド型を維持することが可能であった。これが、中高年増大により通常のピラミッド型を維持することが難しくなっているのだ。

これは、第2章でもみたように長期雇用と後払い型賃金の両立可能性に深刻な影響を与えてきた。なぜなら、後払い型賃金は、企業の成長のみならず、企業の世代間の再分配で可能になっていた面もあるからだ。つまり、生産性以下の賃金を受け取っていた若年世代から生産性以上の賃金を受け取っている中高年世代への分配である。これは、若年世代が多く中高年世代が少ないほど円滑に行うことができる。

また、やはり第2章でもみたように、両立不可能のなかで企業は長期雇用の維持に注力し、後払い賃金の性格は弱まっていった。つまり、雇用を守るために賃金の上昇期待が労使ともに消失したといっても過言ではない。しかし、40代以降も賃金が上がり続ける賃金プロファイルの構造自体は維持されている。

経済成長の鈍化、企業の人員年齢構成の変化への対応を考えれば、賃金システムの変革は避けられず、後払い型賃金システムの前提となっていたメンバーシップ型無限定正社員システムを見直し、ジョブ型雇用の賃金システムを取り入れざるをえない状況といえる。

3 資本をめぐる環境変化

第三は、資本をめぐる環境変化である。具体的には、企業の成長、生産性向上の担い手として物的資産よりも人的資産、無形資産がますます重要になってきているということだ。人的資産、無形資産、いずれも、企業の従業員や経営者が生み出すものであり、その意味でも企業の付加価値を生み出していくうえでの従業員の貢献の重要性が高まっているといえる。

企業レベル、産業レベル、マクロ経済レベルを問わず、成長の大きな要因・要素は工場、オフィス、機械設備といった物的資本・資産であった。物的資本は労働生産性を決定づける大きなカギであり、労働生産性を高めるためには、物的資本をアップグレードする、つまり、工場や機械を最新鋭のものにすることが重要であったといえる。

物的資本が決定的に重要である場合、相対的にみれば労働者はあくまでも工場の機械を動かす存在であり、その頭数・労働時間という労働の量が重要となる。

高度成長時代に主流であった同質的な商品を大量生産、大量消費する時代であれば、同じ商品がより多く売れるという量的な成長をめざすべく規模の経済を徹底活用するという点でも、物的資本の規模が重要であった。

消費者の嗜好に合わせた財・サービスの多様化、差別化が進んでくると、付加価値を生み出す要素・要因として相対的に物的資本の役割が低下するとともに、人的資本、無形資産の役割がより重要になってくる。単に工場を大きくする、また、最新鋭の設備を導入してより効率的に生産を行うといった物的資本を中心に据えて成長をめざす時代は終わったといっても過言ではない。

無形資産や人的資本は要は「人（ヒト）」のアイデアやスキル（能力）に依存しているし、資本や労働を超えて付加価値、成長に影響を与えるイノベーションも、結局は「人（ヒト）」の力から生み出されるものである。

このように考えてくると、企業における労働や「人（ヒト）」の役割について抜本的な再考が必要になってくる。「人（ヒト）」を「コスト」と考えれば、その最小化が利潤ひいては企業価値最大化のために必須である。「資本家対労働者」「経営陣と従業員（労使）の対立」もそうした考え方が前提での図式であった。しかし、「人（ヒト）」は単なる「コスト」ではないと考えれば、こうした従来の既成概念や図式は意味を持たない。

4　テクノロジーをめぐる環境変化

第四は、テクノロジーをめぐる環境変化である。企業を取り巻く環境のなかでもその変化のスピードがどんどん高まっているのは、テクノロジーであろう。特に、ＩＣＴ、ＡＩ関連のイノベーションは、ビジネスや市場・産業構造のみならず社会のあり方までも変えるような地殻変動を起こしている。企業には、こうしたイノベーションの担い手になることばかりでなく、こうした変化に迅速かつ柔軟に対応できる力が求められている。

1990年代以降で最も大きなテクノロジーの変化といえば、ICT・デジタル化革命であることはいうまでもない。ICT・デジタル化革命以前とそれ以後では何が変わったのか。企業の組織、働き方という観点からすると、ありとあらゆる情報がデジタル化され、その生産・伝達・共有・蓄積・検索が驚くほど容易になったということである。

デジタル化が徹底するということは、企業が「紙文化」から「デジタル文化」に移行するということである。机の上に書類やファイルがあふれ、また、オフィスのなかでファイルを収納するロッカーなどが大きなスペースをとっているというのが、かつての典型的なオフィスの風景であった。また、会議には必ず紙の資料が配られるというのもそうだ。しかし、完全ペーパーレスとなると、職場の風景も大きく変わることとなった。

「紙文化」における情報の伝達・共有は、必ず人の手を介して行われることになる。具体的には、企業の中間管理職は企業組織の階層の上から下、また、下から上への情報伝達において重要な役割を果たしてきたといえる。言い換えれば、第4章でも論じたように日本の企業は、「人力」による情報コーディネーションシステムを究めてきたといえる。

逆に、新たなテクノロジーの恩恵を受けるためには、ICT、デジタル化を徹底活用した情報コーディネーションシステムに移行していく必要があるということだ。

ICT・デジタル化革命の働き方への影響

デジタル化できる情報については情報の伝達・共有・蓄積が容易であり、かつ、それがほとんどゼロのコストでできるようになったことはまさに革命的なイノベーションといえるが、それは働き方にどのような影響を与えているのであろうか。

もちろん、ICT・デジタル革命、AIも新たなテクノロジーの一種であり、それが労働者を代替する不安はいつの時代にも存在してきた。特に、AIについてはその不安が根強いことは確かである。しかし、過度の悲観論は禁物といえよう。[1]むしろ、企業組織、働き方などを変革するために、こうした新たなテクノロジーを徹底的に活用していくという姿勢・取り組みこそ求められているといえる。

第一に、デジタル化がオフィスワーカー（ホワイトカラー）の生産性を引き上げる効果が期待できる。なぜなら、生産労働者に比べて、これまでそれぞれの仕事におけるインプット、アウトプットが測りにくかったため、そもそも生産性を把握することは難しく、それを引き上げる手段も考えにくかった。

1　鶴［2021］

しかし、デジタル化を活用すれば、インプットの量的側面だけでなく質的側面も計測可能になるとともに、アウトプットも中間生産物を含めて把握することが可能となる。そうなれば、生産性＝アウトプット／インプットは把握可能であるし、デジタル化でインプット、アウトプット情報が共有されることでどこに無駄があるかも検証可能になる。生産労働者による品質向上策であったQCサークルも、オフィス・ワーカーに適用することが可能となるのだ。

第二は、時間・場所によらない働き方が、より効率的・効果的に実現可能となることだ。テクノロジーの発達によって、情報伝達における通信手段は、郵便→電話→FAX→インターネット（電子メール、ファイル送信共有、ウェブページ）→ビデオ会議・バーチャルオフィスへと進化してきた。こうしたテクノロジーの利用可能性で職場も進化してきたといえる。

まず、離れた場所への通信手段がない場合、従業員はすべて同じ職場に集まって同じ時間に仕事を行う必要がある。つまり、同じ時間・場所を共有すること（「時間・場所の同一性」）が必要となってくる。そのなかでいかに効率的な情報システム（コミュニケーション、コーディネーション）を構築するかという観点から、第4章でみた「大部屋主義」「対面主義」を生み出し、「人力」で効率的な情報システムをつくる背景となった。

一方、テクノロジーが発達するとともに、「時間・場所の非同一性」がより可能になってきたといえる。たとえば電話が使えるようになることで、「場所の同一性」が要求されなくなった。しかし、電話でコミュニケーションをとるためには「時間の同一性」は必要である。これが、FAXの登場で、「時間・場所の同一性」が必ずしも必要ではなくなった。

さらに、インターネットの登場で、電子メール、ファイル送信・共有、ウェブページなどで「時間・場所の非同一性」を維持しながらも、伝達できる情報の質や量、多様性は格段に増したといえる。そして、ビデオ会議・バーチャルオフィスの登場によって、「場所の非同一性」を維持しながらも、伝達する情報を「場所の同一性」の場合に限りなく近づけることが可能になったといえる。

つまり、こうしたテクノロジーの発達は「時間・場所の非同一性」を可能にしながら、「時間・場所の同一性」に限りなく近づくことを可能にしてきたと整理できる。

なお、テクノロジーと並んでグローバル化圧力の増大も企業を取り巻く大きな環境変化の一つであることは間違いない。前述したように日立がジョブ型雇用へ舵を切ったのは、グローバル企業として人事システムをグローバルに統一するためである。

企業が徹底的にグローバル化を進めるためには必ずぶつかる壁であり、乗り越えなければならない壁でもあろう。しかし、かなりの程度、グローバル化に対応している大企業・上場企業であっても、そこまでの必要性は感じていないかもしれない。企業の徹底したグローバル化展開は大きな外的圧力を生むことは間違いないが、これがジョブ型雇用への転換を生むだけの力になる大企業は少ないかもしれない。

5 企業組織・人材・働き方の変革の方向性

こうした4つの大きな環境条件に適応するためには、どのような組織・人材・働き方改革が必要であろうか。

第一は、**メンバーシップ型無限定正社員システムの切り崩しと広義ジョブ型雇用の推進・拡大**である。

メンバーシップ型無限定正社員システムに固執し続けるのであれば、4つの大きな環境変化いずれに対しても対応できないことは、これまで述べたことから明白である。もちろん、日本企業が狭義のジョブ型雇用に一気に全面転換することは難しい。現在の雇用システムに部分的、漸進的にジョブ型正社員の領域を大きくしていく、つまり、広義ジョブ型雇用への取り組みが必要だ。女性、高齢者の正社員としての労働参加のためには働き方の選択肢が広がることが重要で、広義ジョブ型正社員はその切り札になる。

また、ジョブ型でも職務限定のプロ型が普及すれば、「なんでも屋」で同質的な人材を育んできたメンバーシップ型では生まれないイノベーティブな人材が生まれることが期待できるし、そうした人材はやはり多様で柔軟な働き方を求めているといえる。広義ジョブ型正社員の場合、満足度などのウェルビーイングが他の雇用形態よりも高いことは、第1章でもみたとおりだ。

第二は、**新たなテクノロジーを徹底活用した情報伝達・共有システムへの移行と「時間・場所によらない働き方」の確立**である。

ウィズコロナのみならずポストコロナにおいても、テレワークなどの時間・場所によらない働き方を推進する必要がある。新たなテクノロジーを徹底活用することで「時間・場所の非同一性」を前提にしながらも「時間・場所の同一性」に限りなく近づけることが可能になっている。つまり、ビフォーコロナの段階で、テレワークといった時間・場所によらない働き方はもっと推進、普及させることができたということだ。

今回のコロナ危機は強制的に在宅勤務が行われたことで、むしろ、メンバーシップ型が生んだ強固な対面主義、大部屋主義、人力による情報コーディネーションシステムを見直す千載一遇の機会といえる。新たなテクノロジーの活用で日本企業が得意としてきた綿密なコミュニケーション、コーディネーションはデスクトップ上でも可能であるという認識が、重要だ。

また、こうした働き方はジョブ型と同様、多様で柔軟な働き方の一つであり、選択肢を増やすことで女性や高齢者などの制約が大きい働き手の労働参加を高めたり、イノベーティブな人材の呼び水になりうる。さらに、第7章で触れるようにテレワークで自分の生産性、創造性が最も高まる場所・時間を選択することで、イノベーションが促進されたり、従業員のウェルビーイングを高めることが明らかになっている。

第三は、**イノベーティブで成長できる「ジリツ」人材の採用・育成・評価**である。

企業が独自の成長、イノベーションを探求するために、「人（ヒト）」を企業の成長を生む源泉と捉えるならば、企業全体の成長・イノベーションのためには、個々の人材も成長できるイノベーティブな人材にしていく必要がある。そうした人材を採用・育成するとともに、それに合った評価システムを導入することが重要だ。

第四は、**組織内人材の多様化とパーパス経営の推進**である。

また、個々の人材がイノベーティブであるばかりでなく、組織のイノベーションのためには、組織の構成員たる人材の多様性を高めることも忘れてはならない。さらに、尖ったイノベーティブな人材、多様な人材を組織内で束ねるためには、企業の社会的貢献・ミッションを明確化したパーパス経営がカギを握ると考えられる。

第五は、**従業員のウェルビーイングの徹底した向上**である。「人（ヒト）」が企業の成長の源泉であるならば、企業における従業員の位置づけを根本的に見直し、従業員のウェルビーイングを高めることにより企業のパフォーマンスを高めていくという発想に切り替えることが必要だ。物的資本の重要性が薄れ、新たなアイデア、イノベーションが重要になってくると、企業にとっては「人（ヒト）」が付加価値を生む本源的な資産となる。

ウェルビーイングは「精神的・肉体的・社会的に良好な状態」を示し、肉体的・精神的健康からやりがい、満足度、幸福度、ワークエンゲージメントなどを含めた広い概念だ。「人（ヒト）」という資産からのリターンを最大化させるためには、その資産の状態＝ウェルビーイングが重要であることは、ある意味当然である。インプットといっても原材料と同じ「コスト」と考えたり、単に機械を動かすためのマンパワーという発想も捨てるべきである。

ここで重要なのは、個々の従業員のイノベーション・成長促進、組織の多様性向上・パーパス経営と従業員のウェルビーイング向上は、相互に連関していることである。

まず、イノベーションに必要な組織のダイバーシティを高めていくことも、多様な人材が活躍できる場をつくることで従業員のウェルビーイング向上につながることが期待される。また、従業員のウェルビーイングに配慮する企業は、当然、成長できるイノベーティブであるような優秀な人材を引き寄せることが可能であろうし、そうした環境が従業員のイノベーション、成長をさらに促進することができると考えられる。

このように多様な従業員が成長し、イノベーティブであると同時に彼らのウェルビーイングを向上させるためには、どのような働き方が求められるのであろうか。それはまさしく多様で柔軟な働き方であるし、具体的には前述のとおり、広義ジョブ型雇用であり、時間・場所によらない働き方である。

以下では、これまで述べてきた4つの大きな環境変化に順応していく手段として、まず第6章で、第一に挙げたジョブ型雇用の推進に向けた具体的な戦略について議論する。次に第7章で、第二に挙げた手段である時間・場所を選ばない働き方のなかでもテレワークに焦点を当ててさらに検討を行う。そして、最後に第8章において、第三、第四、第五の手段として述べた、個々の従業員のイノベーション・成長促進とそのための採用・育成・評価、組織の多様性向上・パーパス経営、従業員のウェルビーイング向上について掘り下げてみたい。

Column 「人材版伊藤レポート」を考える

最近の人的資本経営ブームを考えるうえで忘れてはならないのは、情報開示の議論とともに経済産業省が2020年に公表した「人材版伊藤レポート」及び2022年に公表されたその後継ともいうべき「人材版伊藤レポート2・0」である。

前者は、人材戦略に求められる3つの視点として①経営戦略と人材戦略の連動、②As is-To beギャップの定量把握、③企業文化への定着が、5つの共通要素としては①動的な人的ポートフォリオ、②知・経験のダイバーシティ&インクルージョン、③リスキル・学び直し（デジタル、創造性等）、④従業員エンゲージメント、⑤時間や場所にとらわれない働き方が示されている。

後者のレポートは、「3つの視点・5つの共通要素」という枠組みを具体化させようとする際に、実行に移すべき取り組み、その重要性、およびその取り組みを進めるうえで有効となる工夫が記載されている。この2つのレポートは企業の人事関係者の間でも広く読まれているようで、筆者も個々の内容には共感する部分も多い。

その一方で、3つの視点・5つの共通要素の8つの分野について、①8つの分野が実現可能な仕組みとしてそもそもどのような雇用・人事システムが想定されているのか、②個々の分野がなぜ重要なのか、③それぞれの分野がどのように連関しているのか、について読み手がしっかりとした理解を持つことが必須と考える。さもなければ、企業の人事・雇用管理担当者が、その必要性、自社への効果など判然としないまま、ただやみくもに膨大なチェックリストに従って、自社の人事・雇用制度を形式だけ整えることになりかねない。そのような対応では初めから機能しないことは明白であり、こうした努力が徒労に終わりかねない。

なかでも、人事・雇用管理担当者が理解すべき重要な点としては、このレポートの提言を実現することは、新卒一括採用のもと、正社員は職務・勤務地・労働時間が限定されず、企業のさまざまな部門で経験を積むという日本固有のメンバーシップ型雇用システムでは不可能であるということだ。職務限定型のジョブ型雇用が部分的にも導入される必要がある。

もちろん、ここでいうジョブ型雇用とは、雇用契約で職務を明示し、採用や異動は基本的に公募で行う仕組みを指している。単なる職務記述書を作成する、いわゆる、「なんちゃってジョブ型」とは明確に区別すべきだ。

たとえば、動的な人的ポートフォリオの取り組みとして挙げられている専門人材の積極的採用、知・経験のダイバーシティ（キャリア採用）、リスキル・学び直しといった分野は、人材の多様性と専門性が前提なのでジョブ型が浸透しなければ実現は容易でないだろう。特に、リスキルは、従業員それぞれに対し必要なものは異なるはずであるが、それは職務が明確化、限定されてこそ初めて可能となる。

また、社員エンゲージメントを高めるための取り組みとして例示されている、公募制、副業・兼業もジョブ型を前提にしないとやはり促進は難しい。

レポートではジョブ型雇用が随所で言及され

ているが、本格的なジョブ型が大前提になると拒否反応を起こす企業もあるのでトーンが弱まっていると推察される。したがって、同レポートの提言の実現をめざしたいのであれば、人事担当者はまずジョブ型雇用と正面から向き合うことが必要だ。

第 6 章

ジョブ型雇用への移行戦略

シニアから始めよ

本章では、ジョブ型雇用の議論に戻り、その必要性が主張されながらも普及してこなかった要因を論じる。そのうえで、ジョブ型雇用の普及・デフォルト化にはどのような戦略が求められるかを議論する。特にシニア雇用は必然的にジョブ型になることから、そこから逆算する形で企業内におけるキャリア構築や人事制度のあり方を考察する。なお、ここでは、ジョブ型雇用という場合、広義のジョブ型雇用、つまり、職務・勤務地・労働時間いずれかが限定された雇用を指すことに注意されたい。

1　なぜ、ジョブ型雇用への移行は難しいのか

第5章ではジョブ型雇用への移行が必要な理由を多面的に論じた。しかし、ジョブ型雇用の普及・移行が必ずしも順調に進んでいないことも事実である。以下では、その理由、背景について考えてみたい。

後払い型賃金システムへの執着

第一は、ジョブ型正社員を普及させることは日本的な後払い型賃金システム（若年時は賃金水準が生産性を下回るが中高年時は逆に上回る仕組み）の見直しにつながるためである。特に、職務限定のジョブ型にすれば賃金は基本的に職務（等級）にリンクするため、職務が変わらな

いかぎり基本的に賃金は上がらず、年功的・後払い的な賃金システムは維持できなくなる。実際、欧米諸国では幹部への道が開けている従業員は別であるが、40代以降はジョブ型である通常の一般的な正社員の賃金は職務にリンクしているため上がりにくく、ほぼフラットである。

日本的雇用を支えた賃金制度は、職能給制度と呼ばれるものである。これは、賃金を(潜在的な)職務遂行能力に結びつけた仕組みである。職務遂行能力であれば同じ職にとどまっていたとしても経験を積んだり、訓練を受けることで高まることは十分考えられる。

現実的には後払い型賃金システムは40代以降の生活保障システムであることは、これまでも指摘されてきたところであるが、その理論的根拠を担っていたのが職能給制度である。日本的雇用システムの労働者への「恩恵」の最も大きな部分であったのは間違いないため、それが失われることへの抵抗は当然のことながら大きい。

一方、企業側も、後払い型賃金システムは従業員の定着率やインセンティブを高める効果があるためやはりメリットがあると考えてきた。このように、労使ともに良いと思っている仕組みを変えることは容易ではない。こうした賃金システム見直しは雇用システム改革の核心部分であるが、法律などで規定されているわけではないのでその見直しは逆に難しいといえる。

第2章でもみたとおり、年齢や勤続年数と賃金の関係をみた賃金プロファイルは1990年代以降やや緩やかになってきており、昔ほど年功で賃金が上昇していく傾向は弱くなっているが、40代以降も賃金が上がり続けるという特徴は、依然として維持されている。

面倒くさい「ジョブ型人事」

第二は、ジョブ型雇用になれば企業は大変「面倒くさい人事制度」への転換を迫られるためだ。企業側にとっては、無限定正社員システムは「使い勝手の良い人事制度」といえる。なぜなら、人事側の強い裁量権のもと、個々の従業員を配置転換することでどんな職務も受け入れさせることができるためだ。つまり、人事側はいつも色のついていない社員をその時々に思いどおりに色分けできる人事を行うことが可能であった。

しかし、ジョブ型正社員がデフォルトになれば、従業員を人事側が自由に異動させることが難しくなることから、どのような人材の組み合わせが企業の戦力にとって最適になるかという、いわば雇用・人材ポートフォリオを意識した人事へ転換していく必要があろう。このような「メンバーシップ型人事」から「ジョブ型人事」への転換は、「使い勝手が良い人事制度」から「面倒くさい人事制度」への転換を意味する。

なぜなら、ジョブ型ポストの場合、人事は必然的に一つひとつのポストについて社内公募を行い、決めていくようになるためである。「使い勝手の良い人事制度」にあまりにも慣れ親しんだ日本の企業が「面倒くさい人事制度」へ転換するハードルがかなり高いのは、容易に想像できる。

労働組合の抵抗

第三は、労働組合がジョブ型雇用に対しネガティブな印象を持っているためである。無限定正社員システムと企業別組合は、切っても切れない相互補完的な関係にある。就社型システムであるからこそ労働組合は企業別となるからだ。その観点からすれば、無限定正社員が享受できる処遇（賃金、雇用保障）などを守り抜くのが労働組合の究極的な目標となっていることに留意が必要だ。このため労働組合側が、従業員にとってもジョブ型雇用にはメリットがあることは理解しつつも、ジョブ型正社員を無限定正社員よりも「一段格下の正社員」として捉える傾向にあることは否めないであろう。

ジョブ型雇用転換を絶対避けて通れない理由とは

このように、後払い型賃金システムについては労使ともにメリットを認めており、人事の裁量権を手放したくない企業側と「格下」扱いの正社員をつくりたくない労働側がタッグを組んでしまっていることは事実だ。このように、メンバーシップ型無限定正社員システムがいわば安定的な「ゲームの均衡」として成り立っている場合、双方の自発的な取り組みで状況を変えることは基本的に困難である。この「均衡状態」を打ち破るためには、「ゲーム」を取り巻く環境条件の大きな変化がどうしても必要になる。大きな外的ショック・推進力、「ビッグ・プッシュ」とも呼びうる力である。

第5章では、マクロ経済をめぐる環境変化や労働をめぐる環境変化がメンバーシップ型無限定正社員システムの限界を露わにし、ジョブ型雇用を含む多様で柔軟な働き方への移行が必然的なものであることを示した。しかし、こうした状況が四半世紀続いているのにもかかわらず対応が遅れてきたのは、ビッグ・プッシュとして十分ではなかったといえるかもしれない。しかし本書では、企業が70歳までの高齢者雇用への対応を真摯に考えれば、ジョブ型雇用転換を避けて通ることはできないことを強調したい。以下ではその理由について検討してみよう。

2 メンバーシップ型雇用に接合しない継続雇用制度

年金給付開始年齢が60歳から65歳へと引き上げられたことにともない、企業は定年廃止、定年延長、継続雇用いずれかを選択しなければならないようになった。ほとんどの企業が継続雇用制度を選択しており、従業員が継続雇用を希望すれば選択できるようになっている。しかし、継続雇用制度は、メンバーシップ型無限定正社員システムのもとでは矛盾に満ち満ちた仕組みとなってしまっている。言い換えれば、継続雇用制度はもともと「接ぎ木」的な仕組みなのだが、メンバーシップ型とうまく接合していないということだ。

なぜなら、定年という段階で、メンバーシップを持つ無限定正社員という立場は終わっているのに、その企業に働き続けているからだ。メンバーシップ型は、定年ですべてが完結するような仕組みとなっている。継続雇用はそれまでその企業の「メンバー」として何十年も働いてきたとはいえ、「メンバーシップ」を失っても同じ企業で働き続けることでさまざまな矛盾を生むことになる。

継続雇用では後払い賃金は適用できず、生産性に見合った賃金を受け取ることになる。通常、4割以上給与水準が低下することが普通だ。また、無限定正社員という役割も外れる。無期雇用でもなければ正社員でもなくなる。同じ企業にいるにもかかわらず定年を機にメンバーシップ型雇用からジョブ型雇用に放り出されるのが、継続雇用なのである。

継続雇用では、定年前と同じ仕事をすることは難しい。なぜなら、同じ仕事をさせておいて賃金を大幅に低下させれば不利益変更になりかねないためである。これまでと異なる慣れない仕事に従事し、大幅に低下した賃金を受け取る。これが別の企業であれば納得もいくかもしれないが、同じ企業の場合、果たしてやりがいを持って仕事ができるであろうか。

それでも、継続雇用を希望する人は、定年後、他で働きたくても職を見つけることが難しいため、生活のためにやむをえず継続雇用を選んでいる可能性がある。そうだとすれば、従業員、企業双方にとって必ずしもハッピーな制度とはいえない。

シニアの雇用は必然的にジョブ型

重要なのは、定年を迎えれば、その後は同じ企業にとどまろうと、別の企業に転職しようと無限定正社員であり続けることはできないということだ。言葉を換えれば、定年以降のシニアの雇用は必ずジョブ型にならざるをえないのだ。その必要がないのは、経営トップ層まで上りつめるような一握りの人材だけである。

ジョブ型にならなければならないのは、単にメンバーシップを外れるからという理由だけではない。第一に、年齢を考えれば当然のことだが、企業側は雇用期間の定めのない契約を従業員と結ぶことは難しい。そこで有期雇用、非正規社員となり、必然的にジョブ型にならざるをえない。

第二に、長期雇用を前提としないので後払い賃金は不可能で、常に、貢献（生産性）と賃金がその都度（毎期）釣り合う賃金システムが必要となる。職務ごとに求められる貢献、必要なスキルが決まっている場合は、職務ごとに賃金が決まることになる。これも典型的なジョブ型の要素だ。

第三に、勤務地や労働時間が限定されない働き方は、シニアの家庭環境、体力を考えれば難しいであろう。さらに、若手のようにさまざまな職務を経験してスキルを高めていく必要もない。むしろ、これまで培った経験、知識、スキルを活かすという意味で職務はおのずと限定されるであろうし、プロ型の働き方になるのが望ましい。

シニアの雇用は成果主義もアリ

第3章でも強調したように、ジョブ型雇用と成果主義は分けて考えるべきことを強調した。しかし、シニアのジョブ型の場合、労働時間を限定せざるをえない状況を考えると、複数任務（マルチタスク）や他人とのコーディネーションの多い仕事は向かないであろう。その場合、成果が測りやすいという意味で成果主義を適応しやすい環境にあるといえる。

成果主義の問題点としては、一時点の成果だけで従業員を輪切りにしてしまい、従業員と企業の長期的な関係とうまく両立しないことが大きかった。しかし、企業と従業員の関係が定年前のように長期的にならないシニアの雇用の場合は、「成果主義は十分アリ」なのである。成果主義という形をとらない場合でも、これまでの経験やスキルはきめ細かく評価され、賃金に反映されるべきであろう。

また、シニアの働き方を考える場合、企業に雇われないフリーランサーや単独自営業主という働き方も、自由度の高さから一つの選択肢と考えられる。これも働き方の本質はジョブ型である。このようにジョブ型の働き方になっていれば、65歳のみならず、本人が健康で意欲さえあれば70歳を超えて働くことも十分可能だ。

ただ、定年以降のシニアの雇用がジョブ型にならざるをえないとはいえ、60歳定年でいきなり無限定正社員からジョブ型に転換するのでは落差が大きすぎるといえる。また、慣れ親しんだ無限定正社員からジョブ型正社員に急に転換できないのは、誰しも同じであろう。そうであれば、定年前にジョブ型に移行しておくことがどうしても必要となってくる。

3 ジョブ型雇用への移行戦略――雇用の「入口」と「出口」を破壊するビッグバン・アプローチ

それでは、どのようにジョブ型雇用に移行すればよいであろうか。最も大胆な方法は、雇用システムをメンバーシップ型無限定正社員システムからジョブ型限定正社員システムへと全面的に変えてしまうやり方だ。これはビッグバン・アプローチともいえる。容易ではないが2つの方法が考えられる。

第一は、メンバーシップ型の「入口」を破壊することである。つまり、新卒一括採用をやめる、または禁止してしまうことである。新卒一括採用がメンバーシップ型の本質である「空白の石版」の雇用契約を生んでいるので、これがなくなればメンバーシップ型は維持できなくなる。自然とジョブ型雇用になるであろう。

しかし、これは最も困難をともなう改革といえる。そもそも、新卒一括採用は法律で定められた仕組みではないし、また、企業と学生をマッチングする仕組みとしては効率的な仕組みである。欧米と比べても若年者の失業率の低下に寄与していることは明白だ。これを法律で禁じるような理屈づけはまず考えにくい。さらに、新卒一括採用をやめるのであれば、大学までの教育のあり方まで抜本的に変える必要がある。特に、大卒文系の場合は、ジョブ型採用に結びつく専門性を大学で身につけているわけではない。雇用システム以上に教育システムの改革は難しく、時間がかかると認識すべきだ。

第二は、メンバーシップ型の「出口」を破壊することだ。つまり、定年制の禁止である。欧米でもかつては定年制があったが廃止されている国がいくつかある。その理由は年齢差別である。つまり、特定の年齢で強制解雇を行うのは年齢による差別行為であり、不当であるという考え方である。日本の場合は、年齢に限らず、男女なども含めて差別への意識はそれほど強くない。その意味で実現の可能性はやはり低いかもしれないが、オプションの一つであることは確かだ。

定年制が廃止されれば、現在の後払い型賃金システムは維持できなくなる。つまり、毎期、毎期、貢献と賃金が等しくなるようにしなければならない。その場合、職務ごとに賃金が定まる職務給となるのが自然である。職務を限定せずに人事が自由に従業員を異動させると賃金が変わってしまうため、それも困難になる。賃金システムを起点にジョブ型雇用に移行していくことを狙ったアプローチである。

このように、メンバーシップ型システムの「入口」「出口」を起点に起爆剤をしかけ、システム全体を破壊し、新たなシステムに変えていくことは理論上、また、思考実験としては可能である。しかし、そのハードルは高く、実現するとしてもかなり時間がかかることを覚悟する必要がある。

現実的なジョブ型雇用への移行戦略とは――「途中からジョブ型」という漸進的・複線的アプローチ

このため、漸進的であるが、より現実的な改革を考えるべきだ。それは、メンバーシップ型の「入口」「出口」の間のどこかでジョブ型に転換していくというアプローチだ。大多数の従業員はメンバーシップ型雇用の「入口」と「出口」の間のどこかのタイミングでジョブ型正社員に移行するべきということになる。

筆者はこれまでも、入社時点では無限定正社員として採用せざるをえないが、入社してから10年前後の30代前半から半ばあたりで、雇用形態を複線化し、幹部をめざす無限定正社員とジョブ型正社員との間でキャリア選択の分岐点を設けるべきだと主張してきた。

新卒を「白紙」(「空白の石版」)で採用するなら、まずはなんでもいろいろな仕事をやらせて経験を積ませるしかなく、無限定正社員として出発するしかない。入社10年前後までさまざまな部署で経験を積みながら多様なスキルを伸ばしていくなかで、自分のキャリアをみつめ、意識していけば、おのずとどの道のプロになるか明確になってくると考えられるし、トップをめざすことのできる、本当の意味での幹部候補生であるかどうかもはっきりしてくるであろう。

したがって、この時点で経営幹部に昇進が期待されている一握りのグループは無限定正社員にとどまることになるが、相当の割合はジョブ型へと転換していくべきだ。ただし、従来の無限定正社員からジョブ型正社員への転換にあたっては、もちろん、本人の希望、同意が必要だ。「途中からジョブ型」の課題は、同じ企業内に無限定とジョブ型という複線的な人事システムを構築しなければならないことだ。

加えて、ジョブ型に焦点を当てれば、人事が「使い勝手の良い人事」から異動・中途採用が「公募型」という「面倒くさい人事」へと転換していかなければならないことだ。

公募が機能するためには、同時並行的に中途採用市場の普及・活発化も必要となる。なぜならば、企業内部の人材のみで、公募のポストに人材を配置できるとは限らないためだ。公募ポストのスペックに見合わない者がそのポストに就けば公募制は機能しないのは、明らかだ。ジョブ型雇用普及と中途採用市場の活性化は、車の両輪といえる。

ジョブ型人事が機能するポイントの一つは、いつでも企業から退出できるというオプションがあることだ。なぜなら、これが従業員と企業との間の良い意味での緊張感を生むことになるためだ。これが企業の従業員評価やそれに対する納得感を高めることになる。外部とのつながりがない内部の異動だけでは人事は完結できなくなるし、こうした流動性をつくることで企業のパフォーマンスを高めていくことにつながる。

広義ジョブ型正社員を拡大するという観点では、労働時間の限定、勤務地の限定という側面については、これまでも進展があった部分であろう。だが、本丸の職務限定正社員の拡大については、他の2つの側面に比べてハードルが高いのは事実だ。これまでみてきたように欧米のジョブ型雇用の現状をみても、職務を限定すればすべてうまくいくというわけでもない。

しかしながら、日本の雇用・人事システムの改革という視点から、ジョブ型、特に、職務限定の最も重要な要素は、キャリアの自律性であろう。自分で自分の仕事を決められる、将来のキャリアが見通せるということが、イノベーティブで成長できる人材にとっては必須だ。

このため、複線的な人事を導入し、メンバーシップ型の異動以外に、社内公募システムを導入していくことがカギとなる。これもメンバーシップ型異動とジョブ型異動（社内・社外公募）の複線的な人事システムを考える必要があろう。社内公募に抵抗が大きければ、まずは、本務以外に社内副業という仕組みを入れて、社内公募を実験的に開始していくのは有効なやり方であろう。

複線的な人事システムの構築を行ううえで留意すべきは、「相互乗り入れ」ができるようにすることだ。すなわち、いったん無限定正社員から広義ジョブ型正社員に転換しても本人の希望に応じて再度、無限定正社員に戻るという選択肢は、確保されるべきであろう。

家族やライフステージとの兼ね合いで勤務地や労働時間が限定された正社員を選択していたとしても、その制約がなくなれば無限定正社員を再び選択したいという場合もあろう。また、もともとジョブ型正社員で採用された人が経営幹部になるため、異なる部門において幅広い経験を積める無限定正社員を選択する場合もあるかもしれない。そうした選択の柔軟性は、維持されるべきであろう。

ジョブ型雇用における賃金システム

ジョブ型雇用、特に、職務限定型正社員の場合、賃金は基本的に職務給である。つまり、企業のなかで同じ職務・職位にとどまるかぎり賃金は基本変わらない。そのため、賃金面からインセンティブを与えることは、将来の賃金上昇が約束されている後払い型賃金のメンバーシップ型雇用に比べると難しくなることは事実だ。このため、賃金が世間相場よりも低く設定されてしまうと、賃金が上がる期待が持てず、転職して賃金アップを図るという行動をとることになる。その分、企業定着志向は弱くなることは否めない。

一方、メンバーシップ型の後払い型賃金は、賃金がその都度生産性や世間相場と一致する必要はなく、入社から定年までの長い期間全体で釣り合いがとれればよいという仕組みだ。このため、ジョブ型雇用の場合は、世間相場、つまり、生産性に見合った賃金をうまく設定できるかが重要なポイントとなることがわかる。

第3章でみたように、成果主義が機能する職務は限定されていることを考えると、ジョブ型雇用の場合も、賃金を上げるためにはランクの高いポストの社内公募に応募して昇進が認められる必要がある。昇進が賃金上昇の大きな要因になるということは、メンバーシップ型雇用、ジョブ型雇用でも変わらないであろう。

しかしながら昇進にあたっては、年功的な要素を極力排除する必要がある。社内公募では当然のことではあるが、そのポストに求められるスキル・経験・能力を応募者が保有しているか客観的かつ厳正に評価される必要がある。その意味でも、先に述べた企業と従業員の間での良い意味での緊張感が問われることになろう。そのほか、金銭的インセンティブという視点からは、副業・兼業を広範囲に認めていくこともジョブ型雇用の場合、考慮すべきポイントになろう。

従業員のインセンティブやパフォーマンスを高めるためには、賃金といった金銭的なベネフィット、手段のみに頼る必要はない。非金銭的なベネフィットも含め、従業員のウェルビーイングを向上させることで従業員のやる気ややりがいを高めていくことも重要だ。この点については、第8章でさらに議論を展開することとしたい。

ジョブ型正社員をデフォルトにするために共働きもデフォルトに

第5章では、女性の社会進出が進むなかで、共働きがデフォルトになるべきで、そのためにもジョブ型雇用を推進すべきだと、その重要性を説いた。キャリア途中からジョブ型正社員がデフォルトになり、賃金体系の見直しが進めば、これまで享受できた生活保障が得られなくなる。なぜなら、男性（夫）が無限定正社員として家族の「大黒柱」となって家族を支え、女性（妻）が専業主婦として家庭を守るという戦後日本の典型的な家族モデルでは、40代以降も上昇する賃金システムが生活保障の役割を果たしていたためである。

したがって、キャリア途中からのジョブ型転換を広範囲に導入するならば、夫婦が共働きをして2人合わせてそれなりの年収を得ることが必要であるし、それに応じた仕組みが必要となる。つまり、ジョブ型正社員のデフォルト化は、共働きのデフォルト化も必要とする。第6章ではジョブ型雇用へのより現実的な移行戦略を検討したが、第8章で、その役割が他の雇用・人事改革と補完的であることを論じることとしたい。

Column　人的資本の情報開示を考える

人的資本が、企業の付加価値創造、ひいては、企業価値増大に貢献するのならば、投資家に対して物的資本が財務諸表で開示されているのと同様に人的資本も「見える化」が必要であることは異論のないところであろう。

しかし、人的資本の何に着目し、どのような形で開示を行うのか、また、そのなかで何を義務化すべきかという各論に入るとコンセンサスを得ることは必ずしも容易ではない。「人的資本の情報開示はなぜ、必要か」という根源的な問いを検討することが必要であるにもかかわらず、人的資本の情報開示の義務化に向けた議論がどんどん先走りしているのが現状だ。

国内の状況を無理やり変えようとするとき、その推進者がとる典型的な手法は、「出羽守《ではのかみ》」だ。つまり、「欧米ではこうだからに日本もこうすべき」を声高に叫ぶというものだ。

たとえば、よく引き合いに出されるのが、米国証券取引委員会（ＳＥＣ）が非財務情報に関する規制（Regulation S-K）に人的資本の開示を義務化する規定を２０２０年に追加したことだ。しかし、その中身をみると、企業が重視する施策として、従業員の採用・維持・育成に対応するための施策・目的を例示するなどが主体だ。

また、ＥＵにおいてもサステナビリティ報告書のなかで開示基準を明確化させる動きがあるが、主な分野は、従業員の研修、男女間等の格差、安全衛生、人権などが挙げられる。

これを見るかぎり、米国やＥＵでは、人的資本について広範囲に網をかけて統一基準をつくり、情報開示の義務化を行うことが求められているわけではないことがわかる。

一方、国際的な団体のなかには、人的資本の情報開示についてより包括的な開示基準を提案している例もある。たとえば、国際標準化機構（ＩＳＯ）、世界経済フォーラム（ＷＥＦ）、サステナビリティ会計基準審査会（ＳＡＳＢ）、グローバル・レポーティング・イニシアティブ（ＧＲＩ）などである。

そのなかでも、網羅的・体系的な情報開示のガイドラインである、ＩＳＯ３０４１４が２０１８年に策定され、日本でも引用されることが多い。①コンプライアンスと倫理、②コスト、③ダイバーシティ、④リーダーシップ、⑤組織文化、⑥組織の健康・安全・幸福度、⑦生産性、⑧採用・流動性・離職率、⑨スキルと能力、⑩後継者計画、⑪従業員の可用性、といった11の領域について内部向け・外部向けにそれぞれ開示すべき指標を設定している。

しかし、ＩＳＯ３０４１４を含め、これらはあくまでも任意の情報開示基準の一例と捉えるべきで、ＩＳＯ３０４１４が世界基準になることを前提とした議論には注意が必要だ。日本企業は製造業における品質を高めるうえでＩＳＯの規格をクリアし、認証を受けることを重視してきたため、ＩＳＯの規格を絶対視する傾向がある。

また、国際基準を受け入れる場合、諸外国と日本の場合は、特に、雇用・人事システムが異なるため、そっくりそのまま受け入れても機能しない可能性があることには留意が必要だ。

以上の海外の情報開示の取り組みをどう評価すべきであろうか。まず、ＩＳＯ３０４１４のような包括的な基準づくりが国・地域レベルで進展しているわけではないということだ。人材の育成については、人的資本の根幹に関わるため、米国、EUも重視しているようにみえる。

一方、その他の分野においても基準づくりを検討するEUにおいては、サステナビリティレポートへの記載という点でもわかるように、SDGsの目標のなかでも、ジェンダー平等やディーセント・ワーク（働きがいのある人間らしい仕事）にかなり特化しているようにみえる。人権という言葉で一括りしてもよいかもしれない。投資家の視点という立場でも、ESG投資のなかでも"social"（社会）との関わりで議論されているようだ。

「人的資本の情報開示は何のために行うか」という本源的な問いにどう向き合えばよいであろうか。人的資本が企業価値に影響を与えるため、投資家に対して人的資本の情報を開示し、見える化しなければならないというのであれば、人的資本のなかでも特に企業価値に影響を与える項目が選ばれる必要がある。

しかし、これは因果関係を含め綿密な計量的・経済学的実証分析による検証が必要であるとともに、それができたとしてもコンセンサスを得ることは容易でないと考えられる。幅広く基準をつくって開示したとしても、それが企業価値に結びつかなければ意味はないといえる。

したがって、義務化の議論を先行させるのではなく、企業の自発的な取り組みを重視すべきだ。

これまでも、統合報告書、サステナビリティレポートなども含めさまざまな媒体を通じて人的資本の情報開示が行われてきたことを忘れてはならないし、そうした取り組みをさらに強化させるべきだ。そのうえで、義務化や統一的基準を検討するのであれば、欧米でも先行しているように、まずは、人的資本の根幹である従業員の能力・スキル育成に絞り込むというのは一つの考え方であろう。

そのうえで、さらに開示の分野を広げるのであれば、それは、ＳＤＧｓ、ＥＳＧ投資といった観点から、ヒトという分野に対して、企業が果たすべき社会的責任という立場から分野を選択していくことが適切だ。

具体的には、ジェンダー平等とディーセント・ワークである。日本の場合は、加えて、正社員と非正社員との格差もこのなかに含まれるであろう。ＩＳＯ３０４１４でいえば、ダイバーシティと組織の健康・安全・幸福度の2つの分野である。

このような分野における統一的な基準づくりや将来的な開示義務化は、検討の余地があるといえよう。しかし、その際、どのような情報をどのような形（指標化）で明示するかは、労働・人事分野の有識者も交えたかなり丁寧な議論・検討が必要であることはいうまでもない。

２０２２年6月に公表された金融審議会ディスクロージャーワーキンググループでは、人的資本や多様性の情報開示については、多様性を含む人材育成方針と社内環境方針について、有価証券報告書のサステナビリティ情報の「記載欄」への記入、企業に応じた指標の設定、その目標や進捗状況の記載を提案している。サステナビリティ情報の一環という整理をすれば、分野もおのずと限られてくるであろうし、そこへ記載する方針と指標はそれぞれの企業に任せていくことが肝要だ。

第 7 章

ポストコロナに向けたテレワーク戦略

「テレワーク」の経済学

第5章では、企業が大きな環境変化を乗り越え対応していく手段として、ウィズコロナのみならずポストコロナにおいてもテレワークなどの時間・場所によらない働き方を推進することの重要性を説いた。

ビフォーコロナの段階で、すでに新たなテクノロジーを徹底活用することで「時間・場所の非同一性」を前提にしながらも「時間・場所の同一性」に限りなく近づけることが可能になっていたにもかかわらず、コロナ下においても、メンバーシップ型が生んだ強固な対面主義、大部屋主義が在宅勤務を阻害する根源的な要因になっていたことは容易に想像できる。したがって、ポストコロナに向けて、「人力」による情報コーディネーションシステムを抜本的に見直す絶好の機会と捉えるべきであろう。

本章では、ビフォーコロナにおけるテレワークの状況や考え方、ウィズコロナにおける在宅勤務の状況・課題などを論じ、対面とオンラインの違いを理論的に整理するなど「テレワーク」の経済学を包括的に提示したい。そのうえで「現在利用可能なテクノロジーを徹底活用すれば、現在の職場を仮想空間でかなりの程度再現することは可能」という「テレワークの基本原理」を丁寧に説明し、議論されているテレワークの課題のほとんどは克服可能であることを強調したい。

1　ICT革命以前の状況に引きずられるテレワークに対する先入観

それでは、なぜ、テレワークにはジョブ型雇用や成果主義が必須であるとの議論がはびこるのか。

最大の理由は、ICT革命以前、つまり、1980年代以前のテレワークのイメージにいまだに固執してしまっていることであろう。1980年代までは、離れている者同士によるできるだけリアルタイムに近い通信手段としては、電話、FAXしかなかった。このため、情報の伝達・共有、それにもとづく従業員間の行動のコーディネーションには、職場での対面に比べれば限界があったことは確かである。

上司の立場からは、部下に対して職場にいるときのように常時、仕事ぶりを観察、モニタリングすることは難しくなる。このため、部下をコントロールしたり、評価することも容易でなくなる。また、チームワークで行うような仕事も当然支障をきたすことになる。上司の監視が利かないから、部下はサボるというモラルハザードが起こりやすい環境だったともいえる。

このため、ICT革命以前では、欧米でもテレワークに適した仕事は、①他の従業員との共同作業やコーディネーションが少なく、1人でなるべく完結して行える仕事、②途中の仕事のプロセス（仕事ぶり、努力水準）の観察が難しいため、成果が測りやすい仕事に限定されると考えられてきた。

当時の状況にあっては、情報の伝達・共有を人力で効率的に行う日本企業の情報システムはテレワークではなかなか機能しにくかったことは確かであろう。また、このような状況であれば、テレワークの場合、職務が限定されるジョブ型のほうが他の従業員との調整も少なく、また、より成果主義的な評価のほうが合っていると考えることは、あながち間違いとはいえない。

限りなく対面に近づいているテレワーク環境

しかし、1990年代以降、インターネットの登場で電子メール、ファイル共有、ウェブサイト、クラウドなどを活用できるようになり、情報の伝達・共有技術は格段に進歩した。しかし、こうしたテクノロジーに加え、お互いの顔、表情を映しながら、資料の共有や説明ができるビデオ会議や、パソコンのデスクトップ上で仮想的な職場を再現することでバーチャル・オフィスが可能になったことにより、限りなく対面環境に近づけられるようになったと考えられる。

バーチャル・オフィスはすでに5、6年も前から利用可能であり、画面上に職場の座席図があり、クリックするだけで、随時呼び出したり、複数で議論を行うことができるようなシステムだ（たとえば、株式会社テレワークマネジメントの提供するシステム）。どの程度対面状況に近づけるかについては後述するとして、次に、コロナ以前のテレワークの状況について振り返ってみたい。

コロナ以前のテレワークの普及状況——規模間格差、制度整備と利用状況の乖離

テレワークの普及状況について、まず、総務省の「通信動向調査」でみてみよう。テレワークを導入している企業の割合は、２０１１〜17年度は10％台前半で推移し、全体でみれば伸び悩んでいたが、コロナ前の直近の２０１８〜19年は20％まで近づく伸びをみせた。これは大企業を中心に導入が高まったことが大きい。しかし、これまで伸び悩んでいた要因としては、中小企業での導入率が低く、かつあまり高まっていなかったことが大きい。２０１９年度で資本金50億円以上の企業の導入は64・３％であったが、従業者数３００人未満の企業では15・１％にとどまっており、企業間規模で大きな導入格差が存在していたことがわかる。

一方、導入が進んでいる大企業でも課題があった。コロナ以前からのテレワークの整備・利用状況はどうであったろうか。日経「スマートワーク経営」調査の対象となった上場企業などをみると、場所に関する多様な働き方を実現する制度がある企業の割合は、在宅勤務は、35・4→44・2→53・0％（２０１７→18→19年度）、サテライトオフィスは、13・6→23・4→33・6％（同）、モバイルワークは20・6→36・3→48・9％と、コロナ以前においてすでに制度としてのテレワークは急速に拡大していたことがわかる。具体的な制度内容をみても、

コロナ以前において（2018年度）、約半数が月の3分の1以上利用可能（9日以上利用可能47・7％）、利用条件を問わない制度（46・1％）となっていた。

このように制度の整備は進んでいたが、コロナ以前の問題点は、実際の利用率は低く、コロナ以前の2019年度の在宅勤務利用者比率は、全体で13・6％にとどまっていた。つまり、制度はそれなりに整っていても、実際に利用されていない状況であった。たとえて言うならば、「仏つくって魂入れず」というのが実情であったといえる。

コロナ下においては、感染症の予防、蔓延の防止のため、在宅勤務を中心としたテレワークは企業にとって欠くべからざる取り組みであることは論をまたないが、筆者は、コロナ以前、5年以上前から、テレワークの重要性を指摘してきた。[1] テレワークの有用性を唱えてきた論者という意味では経済学者としては珍しいかもしれない。以下ではその理由、背景を説明してみたい。

コロナ以前にテレワークの重要性を強調してきた理由――生産性・創造性向上の視点

ビフォーコロナにおいては、働き方改革を有効に進めるためには、多様で柔軟な働き方と新たなテクノロジーの活用が「両論」となるべきと考え、主張してきた。

働き方改革といえば、政府が推進した「働き方実行計画」にみられるように、長時間労働削減と非正規雇用の処遇改善を真っ先に思い浮かべる方も多いかもしれない。しかし、働き方改革の本質は、働き手がそれぞれの環境やライフステージに応じて、多様で柔軟な働き方を選択できるようになることだ。特に、「場所や時間を選ばない働き方」はその典型例であるし、働き方改革はＩＣＴ、デジタル化などの新たなテクノロジーを活用することでさらにその有効性を高めることができる。したがって、その「両輪」の象徴ともいうべき、テレワークを活用、普及させることが特に重要であると強調してきたのである。

テレワークといえば、子育て・介護や通勤時間・負担軽減のサポートという限定的な目的・対象という位置づけが通常であった。企業側も、特定の従業員のためにはテレワークもやむをえない（企業にとっては「コスト」）という認識が多かったのではないか。

しかし筆者は、ビフォーコロナにおいてテレワークを、従業員が自由に働く場所を選ぶことで従業員の自律性や集中度が高まり、従業員の創造性、生産性を高める手段として明確に位置づけるべきと主張してきた。

たとえば、テレワークを行っている従業員へのアンケート調査である労働政策研究・研修機構［2015］「情報通信機器を利用した多様な働き方の実態に関する調査」をみてみると、通勤による負担が少ないと回答したのは17％程度、育児・介護や家事の時間が増えるとの答えは5～8％程度となっている。これまでテレワークのメリットと考えられてきた通勤時間負担軽減

1　鶴［2016, 2019, 2020］、鶴・滝澤［2019］

や育児・介護・家事との両立が必ずしも大きな割合を占めているわけではないことがわかる。むしろ、仕事の生産性や効率性が向上するとの回答が50%を超えており、従業員の立場からみても生産性の向上が重要な位置を占めていることがわかる。

一方、同調査では4割程度の人が仕事と仕事以外の切り分けが難しいと答え、2割程度が長時間労働になりやすいといったデメリットを認識していることにも留意が必要だ。育児・介護の時間を柔軟にとれる一方、それがかえって仕事への集中を難しくしていたり、職場よりも仕事に集中できるような環境においても、むしろ知らぬ間に長時間労働になる可能性があることを示唆しているといえよう。

テレワークのもたらす影響については、欧米では1980年代からすでに学際的に多くの研究が積み重ねられてきている。2000年代初めまでの研究をサーベイした論文[2]は、やはり通勤コストの低下はテレワークの主要な動機ではない一方、多くの研究がテレワークによる生産性向上の効果を確認してきたことを紹介している。しかしながら、生産性向上に関する研究はテレワーカーの自己申告にもとづくものであり、彼らにはテレワークが成功していると考えるバイアス（偏り）があることを指摘している。

一方、近年では、前記の問題点を克服するような実証分析も出てきており、中国の旅行会社、シートリップのコールセンターの従業員が9カ月間、在宅勤務とオフィス勤務にランダムに割り当てられるという実験を活用し、在宅勤務の従業員の定量的に把握された生産性（通話量）

向上には労働時間増でかさ上げされた部分も含まれていることを示した研究がある。[3]

テレワークの生産性を左右する他の重要な要因としては、仕事の内容が挙げられる。大学生を実験室内と外にランダムに分けたうえで、タイピングのような単調な作業とより創造性の必要な作業をさせるという実験を行った研究によれば[4]、実験室の外、つまりテレワークに近い状況では、単調な仕事は室内に比べて生産性が低下する一方、創造性を要する仕事の場合は増加することがわかった。

上記の分析結果を考慮すれば、テレワークが真の生産性、すなわち時間当たりの生産性を高める働き方になるためには、職場からの干渉や雑音を遮断し、自律的で集中力を生むことが可能なテレワークの利点を最大限生かせるような、より創造的な仕事をテレワークに割り当てるべきだ。また、テレワークは柔軟で自律的な働き方が高い満足度を生む一方、無意識のうちに長時間労働に結びつく可能性が高く、真の生産性を高めるには従来の働き方よりも労働時間が増加しないような取り組みが必要だ。

以上をまとめると、従業員アンケート調査によれば、仕事の生産性や効率性の向上が子育て、

2 Bailey and Kurland [2002]
3 Bloom et al. [2014]
4 Dutcher [2012]

通勤軽減などよりも利点として評価されていたし、海外の研究をみても、生産性の向上、創造的な仕事への適合性が指摘されてきた。テレワークの導入は一部の従業員のために仕方ない義務という消極的な取り組みではなく、企業の業績を高めるための「攻め」の取り組みとして位置づけるべきと考えていた。

実際、コロナ以前に筆者が携わっている日経「スマートワーク経営」調査に参加する企業（700社を超える上場企業等）のなかで働き方改革、ダイバーシティ施策を含む人材関連施策において先進的な取り組みを行っている企業では、必ずといってよいほど先に指摘した在宅勤務などのテレワークの利点を十分理解し、積極的に取り組み、理由を問わず広く従業員が在宅勤務を行える制度を導入していたことに着目していた。

このため筆者は、在宅勤務への取り組みが、当該企業が人材関連施策をどの程度進展、深化させているかを判断するための「リトマス試験紙」と強調してきた。もちろん、テレワークのメリットばかりではなく、デメリットの可能性として、仕事と仕事以外の切り分けが難しい、長時間労働になりやすいといった点があることも指摘してきたところである。

コロナ以前のテレワークの利用に関する分析

この主張が現実のデータでも成り立つかどうか、「日経ビジネスパーソン1万人調査2018」を利用して、テレワークを促進するためには何が必要か、テレワークは実際、長時間労働に結びつきやすいかどうか筆者のグループが分析を行ってみた。[5]

まず、どのような従業員がテレワーク（在宅勤務やサテライトオフィスなど）を利用しているかをみると、従業員の個人属性では、年齢が低い、学歴が高い、年収が高い、通勤時間が長い人はテレワークをより利用していることがわかった。従業員の家族の状況をみると、子供がいる、また、家族に介護を要する人がいる人は、テレワークをより利用している。

次に、企業における役職、職務をみると、（役職なしの人に比べて）専門職の人はテレワークをより利用しており、（事務職の人に比べて）管理マネジメント職、企画・マーケティング職、クリエイティブ職はテレワークをより利用している。一方、販売、生産・製造、運転、建設・採掘など勤務場所が現場に限定されるような職務とテレワークには、予想どおり有意な関係はない。また、仕事やタスクの特徴をみると、「新規開拓や付加価値向上を目標にする仕事」「社外の人と協力して行う仕事」「メンバーのタスク・時間の使い方を把握・共有」している人はテレワークをより利用していることがわかった。

さらに、在籍企業の環境条件に着目すると、場所に関して多様で柔軟な制度がある企業で働く人はテレワークをより利用している。また、テクノロジーの導入数の多い企業（新たなテクノロジー導入に積極的な企業）に在籍している人ほどテレワークをより利用している。

5 鶴・滝澤［2019］

以上をまとめよう。テレワークを利用できる環境を整え、新たなテクノロジーの導入に積極的な企業ほど従業員がテレワークを利用していることは、当たり前のことながら企業側の環境整備が重要な役割を担っていることの証である。従業員側からみれば、通勤時間が長い、子供がいる、介護を要する家族がいるといった従業員がよりテレワークを利用するという、従来型のテレワーク活用が確認された。また、営業職など社外との関係が重要な仕事をしている人がよりテレワークを活用していることも、テレワークのメリットを考えればわかりやすい。

その一方で、テレワークは集中力や創造性が必要な職務により適合するという仮説は、特に、企画・マーケティング職、クリエイティブ職といった職種に就いている人や「新規開拓や付加価値向上を目標にする仕事」を行っている人がよりテレワークを行っていることからも実証されている。チームメンバーの仕事の把握ができている人はテレワークをより利用していることも、テレワークの欠点であるコミュニケーション不足の解消がその促進につながるという点で興味深い。

テレワークは残業時間を増加させるか

次に、テレワークの利用は残業時間（２０１７年における1カ月当たりの平均残業時間）を増やすかどうかを、やはり「ビジネスパーソン1万人調査２０１８」を利用して、検証した。さまざまな要因をコントロールするとテレワークなどを利用しているかどうかのダミーは残業時間には有意に影響していないので、テレワークが残業を増やすとはいえない結果が得られた。[6]

職種別にみると、管理職の場合、役職なしの人と比べて残業時間が長くなっているが、テレワークなどを行っている人はさらに残業時間が長くなっていることが明らかになった。管理職のテレワークの利用に際しては注意が必要である。一方、営業職は、テレワークを利用していない人は比較対象の事務職よりも残業時間が長いが、テレワークを行っている人は逆に事務職よりも残業時間が少なくなっていることを示している。テレワークにより場所を選ばない働き方ができ、職場の外での活動が重要な営業職にとって効率的な働き方ができ、むしろ残業時間を減らすことができることを示しているといえよう。

以上の分析をまとめると、以下のインプリケーションが得られる。

第一は、テレワークの企業側からみた問題点を克服するために、ＩＣＴなど新たなテクノロジーの徹底活用がカギであることだ。

第二は、テレワークという環境がより適合する職務・仕事などにおいてはテレワークをより積極的に活用すべきであることだ。たとえば、社外との関係が重要である、また、新たなアイ

6　この結果は、リクルートワークス研究所「全国就業実態パネル調査」［2017］を使って、さまざまな要因をコントロールしても制度利用のテレワークの実施は男女とも週労働時間への有意な影響はないと報告した萩原・久米［2017］とも整合的である。

デア、創造性、集中力がより必要とされる職務・仕事などである。

第三は、テレワークの長時間労働への影響については、上記の分析をみるかぎり、全体として大きな懸念はないといえるが、テレワークでさらに残業時間が増加する役職・職務・仕事（例、管理職）もあることは否定できず、個々の従業員に対し過重労働にならないようきめ細かくモニターしていくことが必要である。

2 コロナ下で急速に拡大した在宅勤務の利用

2020年に入ってから新型コロナ感染症が急速に拡大し、職場への出勤が難しくなるなかで、在宅勤務を中心としたテレワークを企業が強制的に実施せざるをえない事態に追い込まれることとなった。日経「スマートワーク経営」調査でみると、2020年4月の緊急事態宣言を契機に、在宅勤務利用者比率（在宅勤務利用者／正社員全体）がそれ以前では1割前後であったのが、2020年4月以降、6割近くまで一気に拡大することになった。対象企業や地域によってばらつきはあるものの、制度の導入、実際の利用とも大きく拡大したことは間違いない。

制度の導入をすでに進めていた企業にとっては前述のとおり、コロナ以前では実際の利用率が低いことが課題であったが、これが強制的な利用で一気に解消したと考えられる。

実際、在宅勤務をコロナ下で初めて経験し「やってみれば案外できる」という感想を持った読者も多いのではないか。また、通勤・移動に時間をかけていたことに疑問を感じ、「お家時間」を充実させている方も少なからずいると推測される。

在宅勤務で高まる満足度、ウェルビーイング

実際、日本生産性本部が行った「働く人の意識に関する調査」では、自宅での勤務に満足しているかについては、「満足している」「どちらかといえば満足している」の割合が2020年5月調査の段階ですでに半数を超えていた。その後、2022年4月調査では84・4％にまで高まっていることからみても、従業員サイドからは在宅勤務がかなり支持されていることがわかる。

また、筆者らのグループの分析では、日経リサーチ「上場企業のホワイトカラービジネスパーソン1万人調査」2021を使い、上場企業の従業員を対象に、在宅勤務の頻度については、在宅勤務実施比率が高いほど仕事のやりがいや精神的な健康度が高いという関係がコロナ以前、コロナ下でも明らかとなった。[7] 在宅勤務実施比率が高いとさまざまなウェルビーイング指標を高める可能性が示唆される。

一方、在宅勤務の利用者比率・実施頻度については、日経「スマートワーク経営」調査を含

7 滝澤・鶴［2022］

め各種調査をみると、緊急事態宣言の解除を受け、いったん低下したものの、その後、何回か緊急事態宣言が発出されたにもかかわらず、在宅勤務利用者比率・実施頻度はほぼ横ばいで推移し、高まる気配がみられていない。なぜであろうか。

コロナ下の在宅勤務ではなぜ生産性は下がるのか

それは、企業や従業員によっては、最初の緊急事態宣言時に在宅勤務を強制的にやってみたが、うまくいかないと感じた層もあるからと考えられる。そういう企業や従業員は、感染症との関係で必要性が薄いと感じれば元に戻りやすいと考えられる。

前述のとおり、テレワークは本来、自律性や集中度を高めて生産性や創造性を高める手段であるはずなのに、各種アンケート調査などではテレワークによって生産性が下がったという結果が出ていることは確かだ。たとえば、日本生産性本部「働く人の意識に関する調査」では、自宅での勤務の効率が上がったかどうかについて、2020年5月調査では66・2%と半数以上の人が「下がった」または「やや下がった」と答えている。

個人サーベイのデータ（就労者約3000人、2020年6月実施）を利用した分析では[8]、職場を100としたときの従業員の主観にもとづく在宅勤務の生産性は全体平均で60・6となることが示された。また、大企業、中堅・中小企業の企業別サーベイデータ（「企業活動基本調査」対象1579社、2020年8～9月実施）を利用した分析では[9]、同じく職場を100としたときの企業が評価する在宅勤務者の生産性は全体平均で68・3となった。つまり、在宅勤務を行うと、職場に比べて生産性が3〜4割低下するということになる。

一方、上場優良企業を多く含む日経「スマートワーク経営」調査をみると、在宅勤務の難点として生産性が下がったと答えた企業は2020年では32・2％、2021年では25・5％にとどまっている。つまり、在宅勤務による生産性の低下を感じていない企業が7割程度も占めており、生産性への影響は平均的な姿だけではわからず、企業間格差も大きいかもしれない。

それでは、海外でのコロナ下での在宅勤務の生産性についての研究はどうであろうか。個人サーベイのデータにもとづく研究では、主観的な生産性指標において、英国を対象に平均的には職場と有意な差がないとする研究[10]、米国を対象に過半が予想よりも生産性は上がったとする研究[11]、また、客観的指標を用いて、アジアのIT企業の開発業務従事者の在宅勤務の生産性が約20％低下した研究[12]などがある。また、企業サーベイを使った研究では、米国の中小企業を対象に在宅勤務の生産性は約20％低下したという研究[13]があるなど、結果は対象国や分析対象・手

8 森川［2020a］
9 森川［2020b］
10 Etheridge et al. [2020]
11 Barrero et al. [2021]
12 Gibbs et al. [2021]

法でまちまちである。
こうしたエビデンスを総合的に勘案すれば、在宅勤務固有の問題として職場よりも生産性が下がるものだと決めつけてしまうのは早計であろう。筆者は、コロナ以前における在宅勤務に必要な各種インフラ整備状況にそもそも格差があったことが大きく影響していると考えている。まず、コロナ以前に制度の整備を進め、従業員もテレワークの経験がある場合、コロナ下でも在宅勤務の割合をスムーズに引き上げることができたであろう。一方、準備不足の企業の場合、在宅勤務を従業員に強制しても、従業員、企業双方とも在宅勤務に必要なさまざまなインフラが整っていないばかりか、経験もないため、強制的に導入された在宅勤務がうまくいかないことは容易に想像できる。このため宣言が解除されると同時に元に戻ってしまう例も多かったと推察される。
実際、先に紹介した研究でも、在宅勤務の開始タイミングで生産性が異なることを見出している。個人データを使った分析では、平時から行っていた人は76・8、新型コロナを契機に開始した人は58・1、また、企業データを使った分析では、新型コロナ以前の導入企業は81・8、新型コロナ以後の導入企業は67・0とコロナ以前から在宅勤務を行っていた人のほうが15〜20%ほど生産性は高くなっている。また、1年後、同じ個人、企業に再び調査を行うと、平均して在宅勤務を続けた個人は5・5%、企業は7・8%、高まったことが報告されている。[14]
また、先にみた「働く人の意識に関する調査」でも、仕事の効率が「上がった」または「やや上がった」と答えた人の割合は、2020年7月調査の50・0%から2022年7月調査では62・1%と3分の2に迫っている。

このようにみてくると、在宅勤務利用率を引き上げたり、在宅勤務の生産性を高めるためには、そのための準備、具体的には、在宅勤務に必要な各種インフラ整備と企業や従業員の在宅勤務経験を通じた慣れが重要ではないかという仮説が提示できよう。以下ではこの仮説が妥当であるか詳しく検証したい。

3　コロナ下でのテレワークの課題は何か——大きい企業・従業員双方の技術的・物理的なインフラ整備の不足・遅れの要因

まず、コロナ下において実施された各種アンケートから、テレワークは何が課題になっているかをみてみよう。

先にみた日本生産性本部「働く人の意識に関する調査」をみても、コロナ当初は、テレワークの課題として、①職場に行かないと閲覧できない資料・データのネット上の共有、を挙げる

13　Bartik et al. [2020]
14　森川 [2021, 2022]

人が最も多く（48・1％）、②Wi－Fiなど通信環境の整備（45・1％）、③部屋、机、椅子、照明など物理的環境の整備（43・9％）、④ウェブ会議などのテレワーク用ツールの使い勝手改善（32・1％）、⑤情報セキュリティ対策（31・5％）が続いていた。一方、その後の同調査では、各種テレワークの課題の割合も低下傾向が続いており、上記の上位3項目の割合も直近（2022年7月）までに3割程度まで低下している。準備不足の問題が徐々に解消されてきたことを示しているといえよう。

また、日経「スマートワーク経営」調査2020では、在宅勤務運用の難点（または導入しない理由）として、①資料や決裁手段などの電子化が追いつかない（61・0％）が最も多く、②従業員の自宅の環境が整っていない（48・7％）、③コミュニケーションが十分にとれない（48・5％）、④PCなどハード面の整備が追いつかない（37・2％）、⑤リモート接続など通信環境の整備が追いつかない（34・1％）が続いていた。この調査においても、翌年の2021年調査では、上記③を除く、物理的・技術的環境における難点の割合は半減近くまで減少している。

この結果をみれば、テレワークがうまくいかないとすれば、そのかなりの部分が企業・従業員双方の技術的・物理的なインフラ整備の不足・遅れに起因していることがよくわかる。

企業側のインフラについては、テレワークを効率的に進めるためには、まずは、デジタル化、ペーパーレスが徹底されていることが大前提であり、必須条件である。つまり、「紙文化」からの完全脱却が重要だ。

職場に重要な情報がファイルなどの紙で保存されていれば、当然、在宅勤務は困難である。テレワーク云々以前にやるべきことができていなくてつまずいている例が多い。日経「スマートワーク経営」調査2021で、デジタル化が相対的に進んでいるとみられる上場企業においても、請求書の電子化、紙資料の配布・保存禁止、FAXの完全電子化といった徹底したペーパーレス化が実現できているのは依然、少数派（2割以下）である。

デジタル化・ペーパーレス化ができれば、場所を選ばず職場と同様の企業情報へのアクセスが可能となる。クラウドなどを利用して、情報の集約化・一元管理を行うとともに、万全のセキュリティ対策を施し、従業員にシンクライアント端末など専用の情報端末（PC、タブレット）を配付することが重要だ。そのうえで、ビデオ会議やバーチャル・オフィスなどのテレワーク・ツールを充実させる必要がある。また、こうしたインフラ整備と並行して、対象者・利用期間を制限しないテレワーク制度の仕組みの導入を進めるべきだ。

テレワークのインフラ整備というと、企業側の対応が着目されがちであるが、それ以上に従業員側のインフラ整備も上記のアンケート調査に示されているように重要だ。なぜなら、企業側が職場と同様の情報アクセスを実現したり、各種テレワーク・ツールを導入しても、たとえば、従業員のWi-Fiの通信環境が貧弱であれば、こうしたインフラを十分活用できないためだ。加えて、従業員の通信環境のみならず、住環境も重要だ。仕事に長時間集中できる部屋、机、椅子、照明などが確保されている必要がある。

また、ビデオ会議を他の家族に気兼ねなく行えるかどうかもポイントだ。大都市圏で通勤している者にとっては、通勤時間の見合いで狭隘な住環境を受け入れている場合が多く、在宅勤務のハードル、ボトルネックになっていることは確かだ。

こうしたテレワークに必要なインフラ整備は、すでにコロナ以前の段階で企業間・従業員間で大きな格差があったと考えられる。実際、以前から、テレワークの制度を導入し、積極的に活用していた大企業は、ほとんどがコロナ下でも問題なくテレワークを進めている。

コロナ下で在宅勤務が進む企業と進まない企業は何が違うのか

それでは、コロナ以前の段階でなぜ在宅勤務への取り組みについて大きな差がついてしまったのか。コロナ下で在宅勤務を促進するためには、どのような方策が有効なのか。また、在宅勤務状況の違いは、企業業績にどのような影響を与えるのか。

こうした問いに答えるため、ここでは、筆者のグループが日経「スマートワーク経営」調査2020（上場企業など700社超対象）などを利用して行ったコロナ下で急速に広まった在宅勤務を決定する要因に関する分析を紹介したい。[15]

まず、コロナ以前（2019年度）の在宅勤務利用比率（利用者／正社員全体）については、①理由に関係なく在宅勤務が利用できる、②フレックスタイム制度の導入や副業・兼業の容認といった多様で柔軟な働き方を許容している、③貸与モバイルＰＣ配付割合が高い、会議資料申請書類の完全電子化、フリーアドレス、シンクライアント端末の導入といった技術的インフラの整備が行われている、④平均休暇取得日数が多い、有給５日以上取得率が高い、休暇取得奨励施策が多いなど休暇を多くとれる、または、とりやすい環境にある、⑤ダイバーシティ施策を多く行っている、⑥企業が実施する在宅勤務関連施策に対して従業員の理解・認識が浸透している、あるいは従業員調査の実施や従業員との対話施策が多いなど従業員への理解に努めている企業ほど高いことがわかった。一方、職務限定型正社員比率や賃金の業績成果連動割合は、在宅勤務利用比率とは有意な相関関係はみられなかった。

　コロナ下での在宅勤務利用比率（２０２０年４月以降）については、①コロナ以前の在宅勤務利用率が高い、②貸与モバイルＰＣ配付割合、臨時在宅端末配付割合が高いなど情報端末機器の整備が行われている、③在宅勤務へのサポート施策（モニターなどの貸与または購入補助など）が多い企業ほど、高いことがわかった。

　以上のような結果を踏まえ、どのような含意が得られるであろうか。

　第一に、コロナ下において企業が在宅勤務利用比率を高めるためには、在宅勤務の効率性・安全性を高めるようなテクノロジー活用やその他在宅勤務のための環境整備を進めていくこと

15　滝澤・鶴［2021］

が重要であることだ。

第二は、その一方で、コロナ下での在宅勤務利用比率はコロナ以前の在宅勤務利用比率にも依存しているため、コロナ以前にすでに差がついており、コロナ以降の取り組みだけでは克服できない面もあることだ。

第三は、こうしたコロナ以前の在宅勤務利用格差の背景には、まず、コロナ下と同様、情報端末機器の整備が影響していたが、それに加え在宅勤務の大前提になるペーパーレスなどのデジタル化の徹底化が関係していることだ。また、働き方の関連では、フレックスタイム制、副業・兼業容認、休暇取得など「職場にいないことを許容する仕組み」と在宅勤務が連関していることが注目され、相互補完的な施策を同時に実施する相乗効果は大きいかもしれない。

さらに、ダイバーシティ施策に熱心に取り組んだり、企業と従業員の相互理解に努めていたりする企業、つまり、従業員のウェルビーイング（身体的・精神的・社会的に良好な状態）向上を重視する企業では在宅勤務利用もより進んでいたと解釈できそうだ。一方、ジョブ型雇用や成果主義導入は在宅勤務利用比率と相関がなく、在宅勤務に必須とはいえないことがわかった。

筆者は、コロナ以前に日経「スマートワーク経営」調査に参加する企業のなかで、働き方改革、ダイバーシティ施策を含む人材関連施策において先進的な取り組みを行っている企業では、必ずといってよいほど在宅勤務などのテレワークに積極的に取り組み、理由を問わず広く従業員が在宅勤務を行える制度を導入していたことに着目していた。上記の結果はまさにこれを裏づけるものとなっている。

4 テレワークに必要なインフラ整備は「カネ」と「時間」をかければ基本的に解決可能

以上のように、テレワークに必要なインフラ整備は、「カネ」と「時間」をかければ基本的に解決できる課題ともいえる。従業員側のインフラ整備に対して企業側も負担を行うことは、従業員の在宅勤務パフォーマンス向上を通じて企業のメリットになることが期待され、必要な投資と捉えるべきであろう。

なお、在宅勤務の場合、企業、従業員側の環境がいかに整っていたとしても、従業員が十分なパフォーマンスを発揮するには新たな環境に適応し、慣れるまでの一定の時間（少なくとも1カ月）がかかることも忘れてはならない。つまり、従業員のテレワーク環境への適応コストが存在するということだ。

コロナ以前、テレワークのインフラ整備が進んでいなかった企業は、緊急事態宣言（1回目）で強制的にテレワークを導入せざるをえなかったわけであるが、「インフラ不足」とこの「適応コスト」の二重苦を背負うことになったと考えられる。この場合、「テレワークは機能しない」と結論しがちであることはやむをえないであろう。この点も含め、カネ、時間というコストをかければ課題は基本的に克服できると考えるべきだ。

以下では、上述の主張を裏づけるより厳密で学術的な分析として、日本の一部上場企業製造業4社2万2815人を対象に2020年4〜6月に実施した在宅勤務調査のデータを使用した研究[16]を紹介したい。この論文は、2020年4月の緊急事態宣言下において在宅勤務をしたグループのほうが在宅勤務をしなかったグループに比べて、やはり生産性が低下していることを見出している。しかしながら、在宅勤務により仕事の生産性が下がる全4社共通の主要因は、「整っていない自宅の仕事環境」「(社内外の) コミュニケーションの不足」であることを指摘している。

また、在宅勤務実施者のほうが、メンタルヘルスが良好であり、その要因としては、「集中力の高まり」や「疲労や体調の改善」「通勤や準備時間の削減」などを挙げている。そのうえで、在宅勤務自体が生産性を低下させるのではなく、これらの環境を整えていくことで生産性は回復しうるし、集中力の高まりと疲労の軽減による心身の健康改善が多くの社員で観察され、在宅勤務の推進が健康増進につながる可能性を強調している。

5　インフラ整備ができても残る課題——従業員間のコミュニケーション、信頼感・一体感の課題をどう考えるか

以上、在宅勤務などのテレワークにおける企業・従業員の物理的・技術的・制度的インフラ整備、従業員の慣れの重要性について各種調査、また、学術的な分析を通じて説いてきた。しかし、こうしたインフラが整っていたとしてもテレワークには課題が残るとの指摘があることも事実だ。

代表的なものは、従業員同士のコミュニケーションの量的・質的不足、従業員間の信頼関係、一体感の形成の難しさである。

日経「スマートワーク経営」調査2020では、前述のように「コミュニケーション不足」が在宅勤務の難点のうち、第3位にランクインされていた。2021年の調査では在宅勤務の難点のうち、コミュニケーションや意識に関わる難点の割合はほとんど変化なく、物理的・技術的環境の難点に比べて解消がより難しいと感じられているようだ。

しかし、こうした課題は真の課題といえるか、また、克服することは可能かを以下では考え

16　Kitagawa et al. [2021]

てみたい。これは、別の言い方をすれば、「現在利用可能なテクノロジーを徹底活用すれば、現在の職場を仮想空間でかなりの程度再現することは可能」という「テレワークの基本原理」が本当に成り立つかを検証することである。ビデオ会議やバーチャル・オフィスという新たなテクノロジーは、どこまで対面環境に肉薄することができるのか。

対面接触の特徴――経済学からのアプローチ

ここでは、経済学のアプローチから対面接触の特徴について紹介したい。[17]

第一は、情報伝達技術の側面である。対面接触であれば、対話は高頻度かつ瞬時のフィードバックが可能だ。これは電子メールと対比すれば明らかである。また、文字や数式などにより成文化された情報のみならず、不確実な環境下で、複雑で言葉にできない、またやり取りする人々の間でのみ理解できるような文化・文脈依存型の情報、つまり、暗黙知ともいえる情報も伝達することが可能となる。これは会話のみならず、表情、ボディーランゲージ、握手などの肉体的接触による多面的な情報伝達が可能になるためだ。

第二は、モラルハザード（倫理の欠如）などの機会主義的な行動を抑制し、信頼関係を築くという側面である。面と向かって嘘は言いづらいし、対面接触によって相手を注意深く観察し、動機、意図、本音をより正確に察することができ、共通の理解が生まれる。また、対面接触は、関係構築に時間、お金、努力などの目に見え、関係解消で戻ることのないコストがかかるため、関係を継続させるコミットメント（約束）と解釈できる。

一方、情報伝達にほとんどコストがかからない電子メールの場合、こうした関係構築効果は弱いといえる。初対面の人に何かお願いするなど関係性を一から構築しようとする場合、対面での訪問を求めるのはこうした理由からだ。

第三は、スクリーニング（ふるい分け）とソーシャリゼーション（社会の規範や価値観を学び、社会における自らの位置を確立すること）の側面である。対面接触はコストが高いだけにそうした接触が必要なグループのメンバーを選ぶには、試験や資格要件だけではなく、仲間内でのみ共有できるようなローカルで文脈依存的な暗黙知が欠かせない。また、こうしたグループのメンバーとして認められるためには、お互いをよく知り、広く共通した背景を持つためのソーシャリゼーションが必要となる。家族、学校、企業にかかわらず、こうしたソーシャリゼーションは対面接触によってこそ可能となる。[18]

17　対面接触の経済学ともいうべき分野の第一人者としては、経済地理学者であり、米カリフォルニア大学ロサンゼルス校のマイケル・ストーパー教授が挙げられる。Storper and Venables [2004] は、経済における対面接触の4つの特徴について述べている。

18　Storper and Venables [2004] は、4つ目の特徴として、対面接触の際のパフォーマンスで得られる快感の側面を挙げている。たとえば、プレゼンテーションで自分がその場にいる誰よりも優れていることを示したいという競争心・ライバル意識を生む効果である。

対面接触はビデオ会議で代替できるか

それでは、こうした対面接触がビデオ会議の普及でどの程度代替されるであろうか。情報伝達手段の違いによる影響という観点では、以下の実験経済学にもとづいた研究が参考になる。[19] これは、4人で10回繰り返されるゲームの実験を行い、協調が達成されるかをみたもので、対面接触で行った場合に比べ、顔が見えない電話会議では協調達成は低かったが、ビデオ会議の場合は対面接触と遜色がないことを明らかにしている。

対面接触と電子メールとの対比では、明らかに前者のほうが協調達成されやすいことが既存研究でも明らかとなっているので、顔が見え、リアルタイムでやり取りのできるビデオ会議は、その他の情報伝達手段と比較しても、本質的に異なる可能性が示唆される。

ビデオ会議が対面接触にどこまで迫ることができるかについては、それぞれの特徴について、現時点では以下のことが指摘できる。

まず、第一の情報伝達の手段という点では、ビデオ会議は対面でしか伝えることが難しいと考えられてきた成文化しにくい暗黙知や表情、ボディーランゲージなどをかなりの部分伝えられるのではないか。実際、筆者もコロナ下でビデオ会議を利用して、カメラや画像の解像度の高さのおかげで、表情などはむしろ鮮明であり、対面よりも相手を「近く」感じることも可能とさえ感じる場合もあることがわかった。

そもそも若者のスマートフォン活用をみれば、ビデオ会議を使わなくても、たとえば絵文字などを使うことで複雑な文脈依存型の情報の交換はデジタルな世界でも十分可能なことがわかる。対面でしか暗黙知は伝えることができないという「常識」はビデオ会議の登場で崩壊したといっても過言ではないだろう。

ビデオ会議で行いにくいコミュニケーションの対処法

もちろん、コミュニケーションの種類によっては、ビデオ会議では行いにくいものもあることは事実である。たとえば、ビデオ会議では、雑談やちょっとした質問が行いにくいという課題が指摘されることが多い。より一般的にいえば、あらかじめ、「計画され、手順、進め方が決まっているコミュニケーション」である会議、打ち合わせなどは、リモートでも問題ない。一方、雑談など「事前には予定されていないコミュニケーション」を開始するには、ビデオ会議の場合、ハードルが高い。何気ない会話からイノベーションの突破口となるヒントやアイデアが生まれることを考えると、ここがテレワークの課題であることは間違いない。

しかし、対面の世界では意識しなくてもできた状況については、リモートでは意識的に雑談や気軽な質問を行うような仕組みなどをつくることで対応は可能だ。たとえば、ある曜日、時

19 Brosig et al. [2003]

間帯では関係者が誰でも参加できる雑談会をリモートで設定したり、ビデオ会議につなぎっぱなしにして随時、質問や対話を行う（学生が自由に研究室にきて質問など行う大学教員のオフィスアワーのイメージ）ことも一案だ。また、テレワークでも従業員が現在、どういう状況かを自己申告で伝えるシステムがあれば、雑談やちょっとした質問をリモートで行うことは可能である。

実際、最近のバーチャル・オフィスでは、デスクトップ上で従業員の呼び出し、議論ができるだけでなく、従業員の状況、つまり一人で仕事中でも集中タイムかそうでないか、また、会議中でも、内部か外部との会議か、また、席を外していてもすぐ戻るかしばらく空席かを明示することが可能になっている。こうした状況がわかれば、状況に応じて、雑談や質問などを行うハードルはかなり下がるといえる。

ビデオ会議で信頼関係の構築は可能か

第二の、信頼関係の構築も、ビデオ会議などのリモート・ツールを活用し、丁寧に対話の機会を持つことで非対面でも十分可能と考えられる。そもそも、職場で仕事を円滑に進めていくために必要な従業員やビジネス・パートナーとの間の信頼感、組織としての一体感形成は、コミュニケーションの量的・質的な充実に依存する。先に述べたとおり、テレワークでコミュニケーションの量的・質的充実が可能であれば、仕事を進めるうえで必要な信頼感、一体感の形成も可能なはずだ。

信頼関係という点については、非対面では相手の気持ちがわかりにくい、上司や同僚から仕事をさぼっているのではと思われていないかという不安を持ちやすいことが、アンケート調査でも明らかになっている（パーソル総合研究所「第二・三・四回新型コロナウイルス対策によるテレワークへの影響に関する緊急調査」）。

しかし、これはコロナ以前においての取り組み・対応に問題があったことを浮き彫りにしている面もあろう。職場においては、同じ場所、同じ時間を共有し、傍らにいる、相手の顔が見えているということだけで安心してしまい、コミュニケーションをとれていると思い込んでしまっている傾向があったことは否定できない。

また、デジタル化を活用し、オフィスワーカーの仕事のインプット、アウトプットを「見える化」することは、仕事の内容・プロセスを見直し、無駄を省いていくという意味でもコロナ以前でも大きな課題になっていたといえる。それに対応できていなかったということは、デジタル化、ＩＣＴを徹底活用しながら時代にふさわしい職場内でのコミュニケーション構築への努力を怠っていた証拠ではないだろうか。

逆に、コロナ下ではさらに一歩進んで、前述のように従業員自ら「見える化」に努めることが、コミュニケーションの量的・質的拡大に資するとともに、信頼感形成や評価に関する不安の解消の手立てになるはずだ。

一方、コストをかけて対面接触することで関係の「絆」をつくるという機能は、コストという面では逆に効率的であるビデオ会議で残念ながら代替することはできない。特に、初対面の場合は、関係性の構築のために対面であいさつなどのコミュニケーションをとらなければならないと思われてきただけに、企業の営業などでは大きな課題になったことは間違いない。

しかし、関係性のなかったもの同士が初めて対面する場合は、当然、双方とも心理的・精神的なコストが発生する。しかし、ビデオ会議であればお互いに慣れた居心地の良い場所で会話するということでむしろこうした心理的・精神的コストが下がっていると感じることも多い。非対面での関係性構築も、お互いの慣れによる部分が大きいと考えられる。

スクリーニングはビデオ会議でも可能か

最後に第三の特徴で述べた、スクリーニングとソーシャリゼーションについて検討してみよう。まず、メンバーを選ぶためのスクリーニングについては、新卒一括採用の就活プロセスにおいては、コロナ下ではオンライン面接に取って代わられたことでわかるように、ほとんどがビデオ会議で代替可能と考えられる。

2020年のコロナ下での最初の就活では、途中の面接はオンラインでも幹部が行う最終面接は対面でという企業が多かったと思われる。やはり、オンライン面接では十分評価できないという意識が働いたのであろう。しかし、コロナ下2年目の就活では、最終面接もオンラインで行うような企業の例がみられた。むしろ、自宅から参加することで就活生がリラックスしてより素の部分をみることができる、というオンライン面接のメリットを評価する声も聞かれた。

筆者も大学のゼミに入る学生の面接を毎年行っており、面接はやはり対面でなければ人物の細かい評価はできないと思っていたが、オンライン面接でもまったく問題がないことがわかった。唯一、オンラインでわからないのは学生の身長であった。画面では上半身しか映らないためだが、もちろん選考に支障を与える難点でないことは明らかだ。

非対面・リモートで最も八ードルの高いものは何か——ソーシャリゼーションと構成員間の親密感・親近感形成

しかし、ビデオ会議などの非対面・リモートではかなり難しいものもみえてきた。それは、第三の特徴で述べた「ソーシャリゼーション」である。たとえば、社会人1年生が入社した企業において、新しい環境、組織になじみ、そこでの価値観や流儀を学びながら仲間になり、適応していくプロセスは、まさに「ソーシャリゼーション」である。これをビデオ会議で実現するハードルは相当高そうだ。

こうした人たちに対して、オンラインの研修だけでは不十分であることは明らかであり、新人や2~3年目の若手は、職場勤務など対面環境を増やす工夫が必要だ。

実際、日経「スマートワーク経営」調査2021をみると、企業はなるべく出社や対面などリアルで行いたいと感じていることとして、入社間もない社員の配属後の指導・育成、新人社員の入社直後の集合研修・ワーク、採用面接といった新人関係の項目を6割近くの企業が選択している。「ソーシャリゼーション」において対面環境の重要性を示すエビデンスといえる。[20]

また、「ソーシャリゼーション」とともに、組織内で構成員間の「親密感」「親近感」を形成することも難しい。フォーマルな関係（例：上司・部下）に重要な信頼感などは非対面でも十分可能と、筆者は考えている。一方、フォーマルな関係を超えたインフォーマル、プライベートな側面での親近感、親密感を非対面で形成するのはやはり難しいと感じる場面が多い。従業員同士の親近感や一体感を醸成するような対面のイベントやアクティビティを工夫するべきであろう。

ただ、最もハードルの高い、ソーシャリゼーションや親密感・親近感の形成もリモートで不可能であるというわけではない。その限界を打ち破る可能性を秘めているのが、昨今話題になっている、メタバースである。これは、コンピュータやコンピュータネットワークのなかに構築された、3次元の仮想空間（VR仮想現実空間）やそのサービスを指す言葉だ。

こうした仮想空間上において、従業員が「アバター」となって、現実の職場にいるかのように仕事をしたり、レクレーションを含めたさまざまなアクティビティを行うことは技術的にも可能になっており、採用する企業も出てきている。リモートの究極の限界を超えることを可能にするテクノロジーとしては、最も注目すべきものである。限りない挑戦が求められているといえよう。

6 まとめ

テレワークに対してどう向き合うべきか

以上、テレワークに必要なインフラ整備を進め、従業員がテレワーク環境に慣れ、適応していくことを前提に、現在のテクノロジーをもってすれば、デスクトップ上の仮想空間に職場を限りなく再現していくことは十分可能である。そのための創意工夫や、「リモート・非対面でも必ずできる」という信念、姿勢を貫くことが、新たなイノベーションにつながる。

日本企業は、第4章でもみたように、メンバーシップ型無限定正社員システムのもと、「人力」による非常に効率的な情報・コーディネーションシステムをつくりあげてきた。しかしそれが、一方で、それに慣れ親しんできた経営陣、中高年の従業員に強固な「対面主義」「大部屋主義」を生んできたことも事実であり、それが、在宅勤務利用がなかなか高まらないことにつながっている。

日本企業がつくりあげてきた組織階層間で垂直水平両方向とも密接できめ細かいコミュニケ

20 滝澤・鶴［2022］

ーション、コーディネーションは、新たなテクノロジーを徹底活用し創意工夫を行えば、必ずリモート・非対面の状況でもデスクトップ上で再現していくことは可能であり、それを前提とした新たな職場の概念を創出していくことが求められているといえよう。

テレワークの今後の展望

コロナ下での在宅勤務の利用は、2020年4月の緊急事態宣言のときに最も高まったが、その後、いったん下がってからは若干の上下はあるものの均してみれば大きな変化はない。新型コロナ感染症の状況は読みがたいが、感染が落ちついてくれば、企業側からの出社圧力がより高まるであろう。一方、在宅勤務でウェルビーイングが高まった従業員は多く、在宅勤務への考え方・希望において企業と従業員のギャップが大きくなっていく可能性はあろう。

企業側調査として日経「スマートワーク経営」調査2021、従業員調査として日経リサーチ「上場企業のホワイトカラービジネスパーソン1万人調査」2021などを使った筆者らのグループの分析[21]によれば、調査対象企業では産業ごとにみれば違いがあるものの、全産業でみれば現在の在宅勤務実施実績比率が理想と考える最適実施比率よりも高いとする企業の割合が、低いとする企業の割合を上回っていることが明らかとなった。つまり、今後、新型コロナが収束していけば、在宅勤務実施を低下させていきたいと考える企業のほうが相対的に多いということを意味する。

一方、従業員調査をみると、半数程度が現在の在宅勤務実施比率を維持する見込みだが、在宅勤務実施比率を引き上げたいと思う人の割合が、引き下げたいと思う人の割合を上回っている状況であった。つまり、コロナ収束後においては、在宅勤務実施比率をどちらかといえば引き下げたい企業と維持するか引き上げたいと考える従業員の間で、意識・考え方のギャップが生まれる可能性は高いといっても過言ではなかろう。[22]

これまで述べてきた、イノベーション、成長、自律（自立）を兼ね備えた人材は在宅勤務という選択肢を重要視しているし、テレワークへのさらなる取り組みが人材獲得という面でも大きなポイントになってきている。その意味からも、企業側はポストコロナに向けて、在宅勤務のあり方を再考する余地はありそうだ。

また、ポストコロナでは、出社する従業員と在宅勤務する従業員が同じチームでも併存しながら仕事を進めるハイブリッド型の働き方が当たり前になるであろう。その際、職場か在宅かといった働く場所の違いにより得られる情報の量・質、人間関係（信頼感など）、企業内での評価・扱いに差が出るようなことがあれば、こうしたハイブリッド型は機能しない。

21 滝澤・鶴［2022］
22 企業と従業員間の在宅勤務に関する希望・方針のギャップは森川［2022］でも報告されている。

単に、対面もリモートもいずれもメリット、デメリットがあるからハイブリッド型が必要と考えている企業は、こうした愚を犯すことになる。リモートと対面を限りなく同じにする努力こそが、ハイブリッド型の成否を決めることになるのだ。従業員が自分のパフォーマンスを最も高めるために働く場所を自由に選べ、出社と在宅勤務が企業のなかで両立・併存するシステムをつくりあげていく必要がある。

第 8 章

ゼロサム・ゲームから
ウィンウィンの関係へ
企業と従業員関係の大変革

第5章では企業を取り巻く4つの大きな環境変化とそれらへの対応として5つの組織・人材・働き方改革のポイントを提示し、第6章では広義ジョブ型雇用の拡大、第7章ではテレワーク推進の方策についてより具体的に詳述した。

筆者は、4つの大きな環境変化に適応できる企業とは「同じところにとどまらず、大きな環境変化に対応、予想しながら常にイノベーションを起こしながら成長していく企業」というイメージを持っている。そうであれば、企業のさまざまな部門においてもイノベーティブな成長が求められているといえる。企業の無形資産、経営、戦略、組織しかりである。それを支える企業の構成員、つまり、経営陣、従業員のイノベーティブな成長が最も重要になってくるのだ。

企業がイノベーションを起こし、成長することとイノベーティブな従業員が成長し、そのウェルビーイングも高まるということが両立することで、企業と従業員はウィンウィンの関係を保てるし、そうした関係をめざすことこそポストコロナ・AI時代に求められる企業組織・働き方の方向性と考えられる。

以上を念頭に置きながら、本章では企業組織・人材・働き方を変革していくための具体的な方向性・手段について、残り3つのポイント、すなわち、①イノベーティブで成長できる「ジリツ」人材の採用・育成・評価、②組織内人材の多様化とパーパス経営の推進、③従業員のウェルビーイングの徹底した向上――に関して、より詳しく議論していきたい。

1　イノベーティブで成長できる「ジリツ」人材の採用・育成・評価

求められる「自己革新的成長」を遂げる人材

大きな環境変化に企業が対応していくために必要な人材とは、第5章で論じたように企業と同様に同じところにとどまらず、成長を遂げることのできる多様でイノベーティブな人材である。成長できるイノベーティブな人材とは、人の手を借りるのではなく自らイノベーションを起こし、自己の質的な変化を遂げながら成長を継続していく人材をイメージしている。このような人材の成長の姿を、本章では特に「自己革新的な成長」と呼ぶことにしよう。

したがって、企業にとっては、採用の時点で自己革新的な成長を遂げるポテンシャルに富む人を採用することが重要だし、そういう人に魅力ある企業である必要がある。しかし、この人材像は、これまでの大企業の優秀な人材のイメージとはかなり異なるかもしれない。

メンバーシップ型雇用、無限定正社員に適した人材は、地頭が良く、まっさらで企業の色、文化に染まりやすく、組織と一体化しやすく、企業への長期的コミットメント、自己犠牲を争う我慢大会に勝ち抜く辛抱強さが求められた。

しかし、そうした人材に自己革新を起こすイノベーティブな人材というイメージは残念ながら見当たらない。組織にキャリアを握られることで、組織の意向に沿って効率的に動くということには長けているかもしれないが、発想が空気を読んで組織同化的にならざるをえない。また、新卒一括採用の時点で、人材の同質化を生んでおり、イノベーションを起こすための多様な人材がいる組織からは最も遠いところにあるといっても過言ではない。それでは、自己革新的成長を遂げる人材をどう採用し、どう育て、評価すべきであろうか。

自己革新的成長を遂げる人材は「ジリツ人材」

まず、従業員が自己革新的な成長を実現するには、自らキャリアを選択し、展望できることが当然の前提となってくる。組織のなかでキャリアを選択できなければ、自律的・自発的な成長を遂げていくインセンティブは生まれないであろう。このため、どうしても、メンバーシップ型雇用を切り崩し、広義ジョブ型雇用、なかでも、職務限定型正社員の推進が必要となってくる。

また、筆者は、自己革新的成長を遂げる人材は、「2つのジリツ」がなくてはならないと説いている。「自ら立ち自ら律する」ことのできる人材という意味だ。

「自ら立つ」というのは、前述の自らキャリア選択ができることを意味している。一方、「自ら律する」ことのできる人材が必要なのは、自己革新的成長を実現できる人材はともすれば、組織に対して「遠心力」が働きやすくなってしまう可能性があるためだ。組織から飛び出したり、コントロールが利かなくなる可能性もある。そこをむやみに抑え込んでしまえば自己革新は期待できない。だからといって組織で自由奔放にやればいいというわけではない。その意味で、自らを厳しく律することのできる人材であるべきだ。

一方、自らを律することができる人材に対しては、企業は過度なコントロール、モニタリングは不要となる。その意味で「ジリツ人材」はリモート環境において高いパフォーマンスを発揮するし、テレワークが選べる権利を重視する。リモート環境を整えていくことは、こうした人材の獲得においても重要といえる。テレワークを含め新たなテクノロジーを徹底利用できる人材は、AI時代に求められる人材とも符合する。

メンバーシップ型雇用では、良い意味でも悪い意味でも、従業員と組織の一体感は強く、「べったり感」が強いことは否めない。しかし、「2つのジリツ」を実現できるような職務限定のジョブ型雇用では企業と一定の距離感が生まれることで「緊張感」が生まれることが、重要だ。

まず、従業員側は、常に自分が組織に対して必要とされる貢献を行うことができているかを厳しく自問自答できることが重要だ。そのうえで、それに見合った正当な評価、報酬を含めた処遇を受けているかを客観的に判断できることが求められている。適正な評価・処遇がなされていなければ企業から退出する覚悟があり、また、その退出が単なる脅しではなく、信頼されるに十分な可能性があることが重要だ。転職するかどうかはともかく、転職の可能性があり、自らの市場価値を認識できているということも重要だ。一方、企業側も従業員の貢献に対して適切に処遇できなければ有為な人材を逃してしまうという意味でも、従業員との間にいい意味での「緊張感」が生まれることが必要だ。

一方、誤解しないでいただきたいのは、筆者は、メンバーシップ型の閉鎖的な内部労働市場を開放的なジョブ型雇用で外部労働市場にしていき、企業と従業員の関係を市場化せよと言っているのではない、ということである。

職務限定型のジョブ型雇用が拡大してくれば、おのずと転職、中途採用市場は大きくなることは予想される。一方、筆者が提案しているジョブ型雇用は、これまでの長期雇用の枠組みでも十分成り立つ。これまでみてきたように、日本の雇用システムの特徴のなかで長期雇用は時代や環境の変化に対してもかなり頑健であるといえ、それは前提として考えていくべきであろう。

重要なのは、従業員が外部オプションを持つことにあるといえる。つまり、実際に転職をしなくても、いつでも転職の可能性があるという状態である、別の言い方をすれば、転職をするというのがゲーム理論でいうところの「信頼できる脅し」として機能することが重要である。その場合、その企業に実際、転職者が出なくても、外部オプションの存在が適切な評価・処遇につながると考えられる。

この考え方は、産業組織論で出てくる「コンテスタブル・マーケット」の理論と似ている。

この理論は、企業の数が限られている寡占市場の場合でも、他の企業がその市場に参入、退出するのにかかるコストがゼロであれば、完全競争市場に匹敵する状況が生まれることを示している。

自己革新的な成長を促す人事システム——採用・育成・評価をどう変革していくか

それでは、従業員が自己革新的な成長を遂げるためには、どのような採用・育成・評価システムが求められるであろうか。

まず、イノベーティブで成長志向のある人材を採用するには、従来の新卒一括採用主体の採用から新卒採用の時期多様化、中途採用の拡大、採用の多様化を図っていくことが重要であるし、欧米のように採用とインターンの連携もより密接にしていく必要がある。

また、育成という視点からは、キャリアの自律性、つまり、職務限定型のジョブ型雇用を前提に能力・スキル開発、研修などを行っていく必要がある。さらに、評価システムも大きな変革が求められているといえる。従来の伝統的な大企業に多くみられた仕組みは、組織にいかに殉じることができるかを問う「自己犠牲」と前例踏襲を重んじる「減点主義」であった。これでは第5章でも論じた大きな環境変化のなかで抜本的なイノベーションを起こし、成長する人材を育てることはできないのは明らかだ。

大きな方向性としては、まず、組織への「自己犠牲」ではなく従業員それぞれがプロとしての個の力を高めることで組織に貢献することをより重視することである。企業のパーパスを理解して、それを達成するために自分は何を行うべきかが理解できているか、また、それが実行できているかで評価されるべきであろう。

第二は、失敗を恐れ、避けるのではなく、試行錯誤、チャレンジ精神、成長志向を後押しし、将来に向けた自己変革に必ずつながるような評価の仕組みに変えていくことである。具体的には、過去の一時点・期間の成果で評価しない、他の比較対象の従業員との相対評価で評価しないという2点が重要だ。

まず、過去の一時点での成果で評価する、いわば、従業員を「輪切り」にして「断面」を評価するようなやり方がなぜ問題なのか。過去はしょせん過去であり、その一点だけを見つめた評価が成果を出せなかった従業員の退出を促すのであれば、それなりの意味があるであろう。しかし、長期雇用を前提に従業員を雇い続けるのであれば、従業員の成長を少しでも促すような評価方式にする必要がある。そのためには、評価の視点を、バックワード・ルッキングではなく、フォワード・ルッキングにする必要がある。

具体的には、従業員の過去から現在、さらには将来に向けての「変化」に着目する評価の仕方である。ここで重要なのは、評価の視点に将来に向けた変化が入っていることだ。なぜなら、単に成長したかと問うならば、過去の一時点の成果の評価とさほど変わらないであろう。そこで成長を遂げたとしても1回限りの成長となってしまう可能性があるためだ。今成長しているか、また、将来に向かって確実に成長し続けていくかを常に問い、評価することが持続的な成長につながると考えられる。

過去から将来に向かった変化に着目すること自体、他の従業員と比べる相対評価ではないことも重要なポイントである。

客観的評価であれ主観的評価であれ、絶対評価よりは相対評価のほうが容易である。その意味で、相対評価の有用性は高いのだが、他人との比較ということになると、評価の良かった人は慢心するとともに、評価の低かった人はモラル・ダウンが起こり、やる気を失うばかりでなく、同僚の足を引っ張るなど従業員間の協調にマイナスの影響を与える可能性がある。

一方、過去の自分との相対評価であれば、そうしたモラル・ダウンは起こりにくく、また、才能や環境などの言い訳もしにくいというメリットがあることにも留意すべきだ。

2 組織内人材の多様化とパーパス経営の推進

組織の自己革新に必要な人材の多様性

組織として自己革新的なイノベーションを起こすためには、組織の構成員一人ひとりがイノベーティブな人材であるばかりでなく、組織内の人材の多様化が必要である。なぜなら、イノベーションは通常、無から有が生まれるというよりは、既存のアイデアがうまく結びつくことで生まれることが多いためだ。これは、経済学の泰斗であるジョゼフ・シュンペーターが強調した「新結合」にほかならない。新たな結びつきがイノベーションを生むためには、前提として多様なアイデアがなくてはならない。しかし、働き手が同質的な企業社会の場合は、アイデアも同質的になりがちである。これではイノベーションは生まれにくい。

企業の構成員の多様性が企業業績、イノベーションにどのような影響を与えるかという広い視点から論じてみたい。多様性は大きく2つのグループに分けられる。まず教育、スキルといった人的資本の多様性である。異なる教育やスキルによる知識の補完性やスピルオーバー（波及）が新たなアイデアを創出し、生産性向上も期待できる。

一方、民族、年齢、性別など属性について多様性がある場合は、人的資本の多様性に比べ、高いコミュニケーションコスト、信頼・結びつきの弱さなどが知識のスピルオーバーや交換を妨げる要因になりやすい。特に民族の多様性の場合、こうしたコストは高いと予想されるが、一方、構成員が異なる文化的な背景を持つことで異なる見方、有益なアイデア・問題解決能力、より大きな知識のプールが利用できれば、生産性が高まるであろう。年齢の多様性も、それぞれの世代で身につけている知識、経験が異なるという意味で人的資本に補完性が生じうる。

このようにみてくると、採用の入口から構成員の同質性を追求してきたメンバーシップ型無限定正社員システムと構成員の多様性とはまったく相容れないことがわかる。つまり、ジョブ型雇用の要素を入れて、女性、シニア、外国人の活用を図ったり、中途採用などを活発化させていくことがどうしても必要になる。多様な人材を組織に呼び込むためには、ダイバーシティ施策の推進が重要であることはいうまでもないが、人材の多様性に応じた多様で柔軟な働き方が選択できることが前提となる。

なかでも時間と場所によらない（選択できる）働き方が重要である。また、フレックスタイム制度、テレワークだけでなく、休暇取得、副業・兼業容認などを含めた広義の「職場にいないことを許容する仕組み」まで視野を広げるべきであろう。さらに、テレワークが集中力や創造性を高めてイノベーションに貢献しうることを考えると、自律的な働き方を促進するだけでなく、かなり多面的なメリットを生むといえよう。

企業が自己革新的成長をしていくには、構成員も自己革新的成長を遂げるための「2つのジリツ」が必要であるとともに、多様で柔軟な働き方の選択、ひいては「職場にいないことを許容する仕組み」を受け入れ、組織構成員の多様性を高めていく必要性をみた。これらは、メンバーシップ型無限定正社員システムとは相容れない要素であるため、必然的に（広義）ジョブ型雇用の要素を取り入れていくことになる。

企業における求心力をいかに生み出すか

しかし、従業員の「ジリツ性」が高まれば、どうしても組織の外向きに働く遠心力が働き、外へ出てしまう可能性も出てきてしまう。また、組織内の多様性・異質性が高まれば、組織がバラバラに拡散する力が働きやすく、機能不全に陥る可能性も否定できない。このため、企業側はこうした遠心力や拡散力とバランスがとれるような逆向きの力、つまり、求心力と統合力が必要になってくる。

そこで、重要となるのは、トップダウンによる企業の目的・目標・ミッションの浸透・共有である。筆者は、その必要性について早くから強調してきたが[1]、近年、企業の理念、社会的貢献目標といった「パーパス」を重視する「パーパス経営」が注目されるようになってきた。その意味でも、企業のトップの意識や発信力が問われているといえよう。

それでは、多様性を活かした経営において組織を束ねるには、どうしたらよいであろうか。企業が「組織」である以上、一定の「まとまり」が必要であることはいうまでもない。メンバーシップ型無限定正社員システムにおいては、生え抜き・同質的な従業員で構成される、いわば「運命共同体」において「同じ釜の飯を食う」ことにより「あうんの呼吸」「忠誠心」が生まれるとともに、企業の目標・あり方が暗黙的に構成員間で共有されることになった。しかし、メンバーシップ型雇用を修正していくのであれば、従来のような「運命共同体」として暗黙のもとに企業の目標・あり方を共有することは難しい。

組織のチームワーク、一体性の維持のためには、むしろトップダウン型の企業文化、ミッションの共有がより重要となってきているといえる。過去、現在、未来へ続いていく企業の「ミッション」、つまり、この企業は何をめざしているのかという「想い」と「夢」を末端まで浸透させることが、経営者の重要な任務になってきているといえる。

企業のミッション・パーパスをどう設定するか

それでは、より具体的に、どのようなミッション・パーパスを持つべきであろうか。企業の第一義的な目標はいうまでもなく、企業の利潤、ひいては企業価値の最大化である。これを怠れば、市場で必ず淘汰されるし、そうなれば従業員の雇用などステークホールダーのベネフィットを守ることはできない。その意味で、唯一絶対的に追求しなければならない目標である。しかし、「金もうけ」という目標で従業員を束ねることも難しい。利潤最大化とは別の目標・ミッションがどうしても必要となってくる。

それは何か。ヒントは、従業員も単に生活のため、報酬をもらうためだけに働いているわけではないということだ。人間は社会的な動物であり、どのような仕事をしていてもそれを通じていくばくかの社会貢献をしている、社会に役立っていると思えることが働くことの根源にある価値ではないだろうか。人間は、お金、地位（昇進）、名声のためだけで頑張れることには限界があると筆者は考えている。それらのため以上に頑張れるのは、自分が社会に役立っている、自分を求めている人がいる、自分が笑顔にできる人がいるという想いではないだろうか。

1　鶴［2006］

また、社会に貢献しているという実感こそが、従業員のワークエンゲージメント（熱意、没頭、活力）を高めることにもつながると思われる。

社会貢献と企業価値向上は両立できる

そうであるのなら、従業員を束ねるミッションはなんらかの社会貢献と関連を持つべきだ。近年、ＳＤＧｓ、ＥＳＧなど環境問題への対応を筆頭にして企業の社会的貢献がより求められている状況にあることは、間違いない。しかし、企業の社会的貢献を議論する場合、必ず問題になってきたのは、企業の本源的な目標である企業価値の最大化との両立であった。

かつての支配的な考え方は、企業の社会的貢献は「コスト」であるというものである。そうであれば、企業価値最大化と社会貢献は両立せず、両者にはトレード・オフが存在することになる。ＣＳＲ、つまり、企業の社会的責任という言葉にみられるように、コストがかかるので本来ならばやりたくないが、それは社会の一員としての義務・責任と考えるという捉え方だ。

しかし、近年、両者は両立しうるという認識も広がってきた。マイケル・ポーター氏が提唱するＣＳＶ（Corporate Shared Value）もその一つである。なぜであろうか。それは、企業のステークホルダー（利害関係者）の社会貢献に対する理解・認識の進展と無縁ではない。

たとえば、環境問題に意識の高い消費者は、環境問題解決に熱心な企業の商品を、他の企業の同様の商品より価格が高くても選ぶかもしれない。また、資金提供者は同じような業績を上げている企業であれば、やはり、環境問題解決により取り組んでいる企業により投資を行うであろう。これはESG投資としてかなり盛んになっている。

このように考えれば、社会貢献は企業にとっては単なる「コスト」ではなく「投資」と考えられるのだ。つまり、時間軸を長くとり、短期でなく長期で考えれば、利潤最大化、企業価値と両立しうると考えるべきなのだ。言い方を変えれば、一見、企業にとってはマイナス、コスト増にみえることが回りまわって企業のメリットとして跳ね返り、企業価値を高めることにつながるということだ。

こうしたトップダウン型のミッション共有が徹底すれば経営者と従業員の目標・利害は一致するため、従業員に対する動機づけは、極端にいえば不要かもしれない。重要なのは、一代のカリスマ的経営者の影響力にとどまっていれば、長期的なミッションの浸透・共有は難しいということだ。企業に内在化するDNAのごとく、次の世代に受け継がれていくような「企業文化」まで普遍性を持つものとして高められるべきであろう。

3 従業員のウェルビーイングの向上

本章の3つ目のポイントは、従業員との意思疎通と彼らのウェルビーイングの向上である。ウェルビーイングについて、ここでは掘り下げて議論してみたい。すでに、これまでも述べたように、ウェルビーイングは、個人の権利や自己実現が保障され、身体的、精神的、社会的に良好な状態にあることを意味する、かなり幅広い概念である。

身体的に良好な状態ということはまさに肉体的健康を意味し、精神的健康はメンタルヘルス一般を指すと考えてよいだろう。精神的か社会的かの区別はさまざまであるが、幸福度や仕事面、生活面での満足度といった、経済学でもしばしば使われる主観的指標や、やりがい、働きがいといった概念も、ウェルビーイングに含まれると考える。社会的に良好な状態とは、やはり、家族以外の個人が帰属する組織、具体的には、学校、職場、居住地域において、組織やそれに所属する人々と良好な関係が保てているか、組織に定着している、排除や孤立などがない状況を指すといえる。

ウェルビーイングのなかでも、近年、特に注目を集めているのは、ワークエンゲージメントという概念である。これは、活力・熱意・没頭に関する3つの質問項目（「仕事をしていると、活力がみなぎるように感じる」「仕事に熱心である」「わたしは仕事にのめり込んでいる」）から構成されており、ポジティブなメンタルヘルスの状態を捉える指標として国際的にも広く使われている概念、指標である。

別の言い方をすれば、「ワークエンゲージメントが高い人は、仕事に誇りとやりがいを感じ、熱心に取り組み、仕事から活力を得て、いきいきとしている状態にある」（厚生労働省「令和元年版 労働経済の分析」）と整理することもできよう。

先に論じたように、多様で異質でかつ尖った従業員が遠心力でバラバラに企業の外に飛んでいかないようにするためには、企業と従業員の関係のあり方も変えていく必要がある。その方策としては、前述の社会貢献とパラレルに考えることができる。つまり、従業員のウェルビーイングを向上させることは決して企業にとって「コスト」ではなく、必ず企業価値の最大化につながるとの信念を持つことが重要だ。

企業と従業員の関係は従来、労使関係という用語で語られてきた。そのなかで、伝統的な労使関係のイメージはまさに「ゼロサムゲーム」であったといえる。つまり、労使が「綱引き」を行う姿である。労働側がベネフィットを勝ち取れば、企業側はコストを被り、負けとなる。従業員のメリットになることはすべて企業側にとってはデメリット、どちらかが勝てば、それは片方が負けることを意味する。

こうした基本的構図が、働き方改革、ダイバーシティ、テレワークといった取り組みがなかなか進んでこなかった要因といえるであろう。メンバーシップ型では労使ともに「運命共同体」であるので、「船」が沈没するまで争ったりはしない。日本の企業別労働組合が欧米に比べて協調的といわれるゆえんである。しかし、「ゼロサムゲーム」であることには変わりなかったといえる。

しかし、従業員のイノベーション、成長が企業のイノベーション、成長に直結するならば、かつての労使関係から両者がいずれもベネフィットを得て「ウィンウィン」の関係となるような従業員・企業の関係に転換していく必要がある。具体的にいえば、従業員向けの施策は、「二兎を追う」つまり、企業業績（生産性、利益率）と従業員のウェルビーイングの「二兎」の向上をめざすべきなのだ。むしろ、従業員のウェルビーイングを向上させることで企業業績を高めていくという発想になるべきなのだ。

ウェルビーイング向上と企業業績向上の関係を示すエビデンス

このように議論してくると、「従業員のウェルビーイングが向上すれば本当に企業の業績は上がるのか」と疑問を持たれる方もおられるのではないか。そこは、エビデンスをもって示すことが重要であることはいうまでもない。この分野で重要な貢献を行っているのは、慶應義塾大学の山本勲氏を中心とするグループだ。

たとえば、企業調査である日経「スマートワーク経営」調査と個人調査である「ビジネス・パーソン1万人調査」を所属企業で紐づけしたうえで、ウェルビーイングに関するいくつかの指標、具体的には、仕事のやりがい、企業定着志向、ワークエンゲージメントと各種利益指標（総資産収益率、自己資本利益率、売上高利益率）との関係をみた。[2]

そのなかで、各種利益率との正の相関が高かったのは、ワークエンゲージメントであり、企業規模、業種、年、変わらない企業固有の特性などの違いによる利益率の違いを統計的にコントロールしても、売上高利益率とは有意な正の相関が得られた。しかし、上記の結果はワークエンゲージメント↓利益率という因果関係を明確に示したエビデンスとはいえないことに、注意が必要だ。

そこでより因果関係に着目した研究としては、別の企業パネルデータを使い、従業員のメンタルヘルスの不調が企業業績に与える影響を検証し、メンタルヘルス休職者比率が2年程度のラグを伴って売上高利益率に負の影響を与える可能性を示した研究が挙げられる。[3] また、大手小売業一社が行った従業員満足度調査を利用した研究が、[4] 従業員のワークエンゲージメントが平均的に高い売り場では売上高の伸び（予測対比）が高くなる傾向を見出しており、従業員のウェルビーイングが企業の業績に影響を与える明確なエビデンスといえる。

従業員のウェルビーイング、企業業績を向上させる健康経営

ウェルビーイングと企業の業績の因果関係を最も明確に示しているエビデンスとしては、健康経営に関する分析が挙げられる。健康経営とは、「従業員等の健康管理を経営的視点で考え、戦略的に実施すること」と定義されている（経済産業省）。健康経営が実施されれば、ウェルビ

2 山本［2020］
3 黒田・山本［2014］
4 黒田他［2021］

ーイングの重要な要素である、従業員の身体的・精神的な健康が向上し、企業業績が向上することが予想される。

もちろん、この場合も、企業業績が高い企業は健康経営を行う余裕が生まれるという逆の因果関係も想定できるわけであるが、健康経営が企業業績を高めるという因果関係が示されれば、それは間接的に従業員のウェルビーイング向上が企業業績を高める因果関係を示すエビデンスといってもよいであろう。

日経「スマートワーク経営」調査と「ビジネス・パーソン1万人調査」を使った分析では、健康経営の実施が、2年のラグを伴って総資産収益率や売上高収益率を高める可能性を示している。[5] また、健康経営は、仕事のやりがいや企業定着傾向といった他のウェルビーイング指標も有意に高めることが示されている。[6] さらに、健康経営はただ実施するだけでなく、従業員に認識され、評価されるとともに、企業側と健康経営に対する認識ギャップが少ないほど自己資本収益率が高まることもわかっている。[7]

上記とは異なるデータ（経産省「健康経営度調査」の個票データ）であるが、健康経営の企業業績の影響を因果関係やそのルートを含めて明らかにした重要な研究[8]を紹介したい。

この研究では、健康経営のなかでも従業員の健康を明示的に経営理念に掲げて社内に浸透させるような施策を行うと利益率にプラスの影響があることを見出した。そのメカニズムとしては、従業員の健康を経営理念に掲げて健康経営を実施すると、すぐに各種検診の受診率が高まるとともに、1年後の健康状態の改善（問診結果で確認された従業員の適正な体重者の比率や十分な睡眠をとっている者の比率）がみられた。また、こうした問診結果で評価された健康状態の改善が有意に利益率を高めることも明らかにされた。つまり、健康経営の実施は、従業員の健康状態の改善、言い換えれば、ウェルビーイングの向上というルートを通じて企業業績を高めたことがわかる。

健康経営は、単に従業員の健康の維持・増進という狭い目的で行われていることが多いと考えられる。しかし、企業・経営側は企業業績（利益率）や従業員のウェルビーイングを向上させるためにも非常に効果的な手法と認識すべきであろうし、健康経営の取り組みを一種の投資と考えれば、そのリターンは予想以上に大きいといえるのだ。

また、コロナ下において、健康経営の意義はますます高まっているといえる。在宅勤務の普及で運動不足に陥ったり、特に、単身者の若者のなかには、孤独感などでメンタルヘルスが悪化するような例も聞かれる。その一方で、外食をやめ、食生活を改善したり、通勤時間がなく

5 山本［2019a, 2020a］
6 山本［2019b, 2020b］
7 山本［2021］
8 山本他［2021］

なり空いた時間で、ランニングや動画などを活用した筋トレに取り組む人も増えているようだ。このため、健康面では個人間の格差が拡大しているような印象を受ける。その意味で、従業員が改めて自身の身体的、精神的健康に向き合う良いチャンスと捉えるべきある。コロナ下においては、健康経営の取り組み方次第で企業業績の差がさらに拡大する可能性が大きいといっても過言ではなかろう。

以上、健康経営が従業員のウェルビーイングを向上させる効果的な手段であることがわかったが、他に有効な施策は何があるであろうか。筆者のグループは、「ビジネス・パーソン1万人調査2021」を使って、多様なウェルビーイング指標について、幅広い施策でその有効性を検証した。[9]

従業員のウェルビーイングを向上させる施策とは

この分析では、従業員のウェルビーイングとして、①ワークエンゲージメント（活力、熱意、没頭を表す総合指標）、②仕事のやりがい、③企業定着志向、④身体的健康、⑤精神的健康、といった5つの指標を被説明変数とし、以下に述べるような説明変数群との関係を回帰分析（OLS）を行って検証した。

まず、第一の説明変数群は、在宅勤務実施比率である。コロナ以前（2019年）、コロナ下

（２０２０年）の実施比率をみた。

第二の説明群は、各種働き方改革の取り組みである。具体的には、ダイバーシティ、多様で柔軟な働き方、人材への投資、ワークライフバランス、働きがい・モチベーション向上、人材確保・定着、に関する制度・取り組みを示した指標を使用した。

第三の説明変数群は、勤め先企業・職場の環境・風土・雰囲気に関する変数である。具体的には、新たなテクノロジーの導入個数（ＡＩ、クラウドでのファイル共有、テレビ会議、シンクライアント・リモートデスクトップなど18項目の内、導入されている個数）、勤務先の経営ビジョンや経営戦略への共感、自己変革的な職場の雰囲気（イノベーション・成長志向、自立・自律志向を示す総合指標）を取り上げた。

推計結果については、まず、第一の説明変数群である、在宅勤務実施度については、コロナ以前（２０１９年）はワークエンゲージメント、仕事のやりがい、精神的な健康と有意な正の相関がみられた。コロナ下（２０２０年）は、仕事のやりがい、企業定着志向、身体的健康、精神的健康と正の相関がある。在宅勤務実施比率が高いほど仕事のやりがい、精神的な健康が高いという関係は時期にかかわらずみられる。いずれにせよ、在宅勤務実施比率が高いとさまざまなウェルビーイング指標を高める可能性が示唆される。

9　滝澤・鶴［2022］

第二の説明変数群である各種働き方改革の取り組み（ダイバーシティ、多様で柔軟な働き方、人材への投資、ワークライフバランス、働きがい・モチベーション向上、人材確保・定着）については、多様で柔軟な働き方、ワークライフバランス、働きがい・モチベーション向上、人材確保・定着については概ねいずれのウェルビーイング指標とも有意な正の相関を示した。人材への投資については、仕事のやりがい、企業定着志向と有意な正の相関、ダイバーシティについては、ワークエンゲージメントとは正の相関があるが、他のウェルビーイング指標とは有意ではなく、負の相関の場合もみられた。

第三の説明変数群である、勤め先企業・職場の環境・風土・雰囲気に関する変数については、テクノロジーの導入個数や勤務先の経営ビジョンや経営戦略への共感、自己変革的な職場の雰囲気は、いずれのウェルビーイング指標とも有意な正の相関を示した。第二、第三の説明変数群をみると、多様で柔軟な働き方、ワークライフバランス、働きがい・モチベーション向上、人材確保・定着、テクノロジーの導入個数や勤務先の経営ビジョンや経営戦略への共感、自己変革的な職場の雰囲気は、5種類すべてのウェルビーイングの指標に有意な正の相関を示し、ウェルビーイングを高めるためには特に有効な取り組みである可能性が示唆される。

以上をまとめると、多様で柔軟な働き方、ワークライフバランス、働きがい・モチベーション向上、人材確保・定着といった働き方改革、各種テクノロジーの導入・活用、勤務先の経営ビジョンや経営戦略への共感、自己変革的な職場の雰囲気に加え、在宅勤務の実施は従業員のウェルビーイングを向上させる可能性が指摘できる。

従業員との対話とそれによる現状把握の重要性

ウェルビーイング向上のための前提としては、なによりも、従業員の現状を把握することが重要である。そのためには、多様な働き手の立場や気持ちを理解するとともに、愛情を持って対話を図ることであろう。実際、従業員に対する施策への従業員の理解度・浸透度が高いと、企業の生産性も高まるという分析結果[10]がある。

近年、上司と部下が一対一で話し合う「ワン・オン・ワン・ミーティング」やコーチングの重要性が海外でも議論され、それを取り入れている日本企業も多いようだ。ただ、これはもともとタテ、ヨコのコミュニケーションを密接に行っていた企業からすれば「逆輸入」といえるかもしれない。しかし、こうしたコミュニケーションも、従業員のウェルビーイングの向上のために行う施策と再定義してもよいであろう。

具体的には、アンケート調査、ウェアラブル・デバイス、対面聞き取りなど多種多様な手段を駆使して従業員のウェルビーイングの現状把握に努めるとともに、その向上に資するような

10 滝澤［2019, 2000］

働き方改革、新たなテクノロジーの利用、業務の内容・プロセスの見直しを図っていくことが重要だ。また、健康経営も従業員のウェルビーイングを把握する手段であり、その向上を通じて企業のパフォーマンスを高める仕組みとして期待できる。

4 まとめ――「ステークホルダー資本主義2・0」に向けて

何十年単位で続く大きな環境変化に適応し、ポストコロナ・AI時代を生き抜いていく企業と従業員のイメージは大きく変わっていくであろう。企業、従業員とも「同じ所にとどまらない」、つまり、自己革新的な成長が求められる。従業員が自己革新的な成長を遂げるためには2つの「ジリツ」(自立・自律)が必須であり、従来のメンバーシップ型無限定正社員システムをそのまま維持しているかぎり、その実現は不可能であり、第6章で論じたジョブ型雇用(特に職務限定型正社員)や第7章で検討したテレワークの一層の普及が重要となる。

一方、企業側は、こうした多様で柔軟な働き方を推進するばかりでなく、組織としてイノベーションを創出すべく、構成員の多様性を高めることにも配慮する必要がある。メンバーシップ型無限定正社員システムのもとでは、従業員は同質的であうんの呼吸でコミュニケーションでき、企業に身も心も殉じ、忠誠を誓い、自己犠牲を厭わない我慢強さが求められた。一方、自己革新的成長を遂げる人材は、常に雇用関係が企業と自分双方にとってメリットがあるかをシビアに問い、それがないと見切れば躊躇なく企業から退出していく人材でもある。

こうした「尖った人材」「出る杭タイプの人材」をつなぎとめるような求心力が、企業には必要になってくる。その一つが、企業のミッションとして社会課題の解決を掲げ、従業員と徹底共有するとともに、企業の成長の源泉である従業員の役割を再考し、そのウェルビーイング向上に努めることである。

これまで、社会課題の解決、従業員への配慮は企業価値の最大化と両立しえないという見方が根強かった。しかし、企業を取り巻く環境は大きく変わり、こうした取り組みと企業価値最大化との両立を図っていくことは十分可能になっている。それを理解し、企業と従業員のウィンウィンの関係をつくっていく企業こそ、ポストコロナ・AI時代において他を一歩も二歩も先んじる企業として高いパフォーマンスを発揮していくことが期待される。

最後に、本章で論じた企業と従業員のウィンウィンの関係の構築は、企業の組織・人事・雇用戦略を超えて、資本主義のあり方についても新たに問い直すことにも通じる。たとえば、株主のみならず従業員を含め多様な利害関係者へ配慮する「ステークホルダー資本主義」は、日本にとってはなじみのあるもので、目新しいものではないし、長期的な視野のもとでという条件付きで企業の利潤最大化と矛盾しないと考えられる。

なぜなら、従業員への投資はその時点では企業のコストになるが、ある程度の期間が経過し、従業員のスキルやパフォーマンスに反映され、企業の利潤に結びつくことになる。社会貢献といわれるものも、従業員のケースよりも企業が恩恵を受けるのはもっと先になるかもしれない。しかし、十分な期間をとれば、企業への信頼・評判を高める効果があることで企業の利潤最大化と両立しうると考えられるからだ。

しかし、大きな環境変化を経て、今の日本企業が直面する問題点は、経済の低成長や増大する不確実性で、かつてに比べて長期的視野が持ちにくくなっていることだ。日本企業で人への投資が減少していることと視野の短期化とは関係がありそうだ。その意味で、従来型の「ステークホルダー資本主義」を維持しにくくなっているといえるのが日本の現状だ。

一方、本章で述べてきた、企業と従業員のウィンウィンの関係の構築は、従来型ではない、「ステークホルダー資本主義2・0」が生まれつつあることを予感させる。前述したように、現在、日本の優良企業では、働き方改革をさらに進化させ、従業員のウェルビーイングを高めることで、企業業績を高めようとする取り組みが広まっている。むしろ、従来型の「人への投資」よりも、企業にとってのウェルビーイング向上から得られるメリットの回収期間が短くなっているのだ。

社会的課題への取り組みについても従来よりも早く効果が出てきている可能性がある。たとえば、ＥＳＧ投資に代表されるように、投資家によるこうした取り組みへの明示的な評価は企業価値への直接的な影響を与えるようになっている。また、需要者（消費者）に対しても、環境問題などの社会的な課題への取り組みはより大きなアピールを生むようになってきており、直接、売り上げを高める効果が期待できる。

さらに、企業の存在意義を明確化する「パーパス経営」によって、利潤最大化を超えてどのような社会貢献を行いたいかを示すことで、優秀で多様な人材を集め、彼らから共感を得ることで彼らを束ねることが以前にも増して重要になっていることもすでに述べたとおりである。従業員のウェルビーイングの向上、社会的課題への貢献、企業価値向上という3つが両立し、相乗効果を生むような「ステークホルダー資本主義2・0」こそめざすべき新しい資本主義の「かたち」といえよう。

Column　人的資本経営へのアプローチを考える
――人への投資VS.ウェルビーイングの向上

近年、人事・雇用関係者にとって、ホットなキーワードの一つに、人的資本経営がある。人的資本は経済学の碩学であり、ノーベル経済学賞受賞者であるゲーリー・ベッカー氏が1960年代に提起した、人の持つ能力・スキルを一種の資本として捉える概念である。少なくとも経済学では半世紀以上の歴史がある概念であり、機械や工場などの物的資本と同様、投資を行うことで人的資本は拡大し、リターンを生むという考え方である。

労働という観点では、古典的な経済学の立場では、あくまでも、フローの労働力を提供する主体としてのみ考えられ、一定期間に投入された頭数×労働時間＝マンアワーで捉えられていた。人的資本という考え方に立てば、労働者の能力・スキルというストックがインプットとして企業の付加価値創造に貢献することになる。

このように人的資本は決して新しい概念ではなく、経済学のみならず、企業においても、人的資本、つまり、能力・スキル開発が企業の競争力や命運を決める重要な要素として意識されてきたことはいうまでもない。

そのなかで、今、なぜ、人的資本経営が着目されているのか。それは、企業が付加価値を生むためのインプットとして、かつての物的資産から人的資産（資本）を含む無形資産により重点が移ってきているからだ。研究開発ストック、ブランド資産と呼ばれる無形資産も要は「ヒト」が生み出したもので、企業の付加価値を生み出す主体として人的資本がますます重要になっているといえる。

人的資本がより重要になっているということであれば、人的資本をより拡大すべく、人への投資を積極的にやるべきであろう。特に、ＩＣＴ、ＡＩなど急速な新たなテクノロジーの進展に対応するためには、リスキリングも不可欠であることなどを考えれば、人への投資の重要性は論じるまでもないということだろう。

もちろん、従業員の能力やスキルの向上はそれ自体望ましいが、従業員のパフォーマンスを向上させるためには、それ以外にも重要な手段があるはずだ。

たとえば、工場や機械といった物的資本の例を考えてみよう。そのパフォーマンスを高めるために、その性能を向上させることは一つの手段であるが、もし、その稼働が１００％でなければ、稼働率を上げることも重要な手段となりうる。性能をフルに発揮させるためには、点検や整備も必要なことはいうまでもない。従業員も人的資本という観点から考えると、すでにある能力・スキルは一定でも、それを所与に従業員のパフォーマンスを最大限発揮させる、つまり、人的資本の稼働率を向上させることを考えることも重要であることがわかる。

それでは、人を資本と捉えたときに、その稼働率に影響を与えるものは何であろうか。筆者は、本書でも強調している従業員のウェルビーイングであると考えている。

たとえば、ウェルビーイングの一例である健康状態が悪ければ、働き手はどんなに能力・スキルを持っていたとしても最大限のパフォーマンスを発揮することはできない。これは、ウェルビーイングが低下したら、人的資本の稼働率が低下してしまうわかりやすい例といえる。

　出勤しているが、健康問題を抱えているため、集中力や意欲が低下し、生産性が低下してしまう状態を示す「プレゼンティーイズム」も、人的資本の稼働率低下に焦点を当てた概念だ。

　このように考えると、働き手のパフォーマンス向上のためには、能力・スキルという人的資本そのものを拡大させるやり方と、人的資本は一定でもウェルビーイングの向上を通じて稼働率を向上させるやり方があることがわかる。

　どちらが望ましいやり方かはもちろんその時々の状況によるであろうが、これも物的資本の場合でまず考えてみよう。その場合、最新鋭の設備を新たに導入するか既存設備の稼働率を高めるかの選択となる。明らかなのは、後者のほうが時間をかけずに実施できる、つまり、効果が早く出る一方、前者は効果が出るまでに時間がかかるということだ。人への投資の場合も同様、効果が出るのにより期間を要することがわかる。

　人的資本を人への投資によって拡大させる場合さらに難しい点としては、人それぞれに、伸ばすべき能力・スキルは異なることが挙げられる。

　政府が拡大をめざすリスキリングとしては、成長分野に移動するためのスキル、DX人材になるためのスキルが想定されているようだ。確かに、オフィスワーカーに限らず、パソコンで表計算、ワープロ、メール、プレゼンなどのソフトが使いこなせることは現代版の「読み・書き・そろばん」であり、徹底したデジタル化を進めていくうえで、あらゆる働き手が身につけておかねばならない基本的スキルといっても過言ではないだろう。

しかし、誰もがプログラミングができることが求められているわけではないし、やみくもにデータサイエンティストを増やせばよいということではないだろう。真のＤＸ人材、ＡＩ人材とはＤＸやＡＩの専門的・技術的な知識・経験・スキルを持つ人材というよりは、それを使って仕事のプロセスやビジネスをどう変えていくことができるかを発想豊かに想像できる人材ではないだろうか。

筆者のグループが最近、行った研究によれば、[1]高いＩＣＴスキルを持っていたとしても必ずしも賃金がそれだけ高くなるとは限らないことを明らかにしている。なぜなら、高いＩＣＴスキルを持っていたとしてもそれを活用できる職務についているとは限らないためだ。つまり、スキルがあってもそれが十二分に発揮できる職場にいてこそ初めて賃金などにも反映されるのだ。このことからも単にスキル向上をめざすのではなく、企業の内外を問わず、働き手の能力・スキルが生かされる場に異動や配置されることが重要だ。

このように、能力・スキルの問題を徹底的につきつめると、日本独特のメンバーシップ型雇用と欧米のジョブ型雇用の違いを避けて議論することはできないことがわかる。

ジョブ型雇用の場合、その仕事・ポストが要求する能力・スキルはあらかじめ契約で明示化され、それを満たす人がそのポストに採用される。この場合、ＩＣＴスキルにかかわらず、採

1　佐野・鶴・久米・安井［2022］

用された人が保有するスキルとその仕事で利用されるスキルにあまり乖離がないと考えてよいだろう。

一方、日本のメンバーシップ型雇用の場合、定期的な人事異動が行われるなかで、持っているスキルが十分生かされない仕事に回されることもあると考えられる。これがスキルの保有と利用に乖離が生まれる背景と考えられよう。

人的資本を重視し、特定のスキル向上に目を向けるのであれば、必然的に雇用システムもメンバーシップ型から職務限定型正社員といったジョブ型雇用に転換していくことが大前提となることを忘れてはならない。

終　章

人事の経済学の「レンズ」でみた「ミライのカタチ」

終章では、第8章までで述べてきた提言などが実現されたらどのような未来が待っているか、20年後の204＊年の「ミライのカタチ」「未来予想図」を、大卒である大企業に就職し10年目の妻子持ちの従業員男性とその企業の人事担当役員の女性の2人の架空の人物の視点から大胆に描いてみたい。筆者の主観や価値観、願望も相当入った一つのイメージを示したものということで客観的な未来予想ではないことをご理解、お許しいただきたい。

1 従業員からみた「ミライのカタチ」

キャリアが変わる

自分の親の世代は、メンバーシップ型が普通であったが、わたしが就職する頃には「キャリアの途中からジョブ型」というルートが一般的になっていた。また、年金の支給年齢も引き上げに向けて、定年後も70歳までは働くことが普通になっている。

自分の親の世代は、職業人生の自己アイデンティティは企業への所属であり、企業にすべてを捧げ、預け、誰もが社長をめざせるような幻想を与えられて、目の前に人参をぶら下げられながら、定年まで職務をまっとうすることが当たり前であった。

いまは、有名企業に勤めていても「＊＊会社の誰」ではなく、「＊＊という仕事のプロ」、つまり、どんな仕事に従事しようともプロフェッショナルとしての矜持が自分のアイデンティティだったり、誇りに思っているような人が多いと思う。

自分も今の会社を選ぶ場合、自分で自分のキャリアが展望できるキャリアの自律性が保証されていることが前提であり、就職する前から意識、希望していた点だ。自分も入社後6年くらいは複数の部署を経験し、30歳ちょっとで財務・経理の職務限定型正社員に転換している。財務・経理部門を選んだのは、自分が経験した部署のなかではコツコツ積み重ねていく仕事のやり方が自分の性格に合っているのと、社内でのランクアップ、キャリアパスも明確であるからだ。さまざまな資格を取得していけば、さらなる給与アップをめざした転職や独立も夢ではなく、将来のキャリアが展望しやすいということも理由の一つだ。

職務限定型のジョブ型への転換は社内公募への応募と採用というプロセスを経る必要があるが、その際、営業などの経験も評価され、「キャリアの途中からジョブ型」は良い仕組みと感じている。同じ部署では最初からジョブ型で財務・経理一筋という同期もいるが、自分は急速にキャッチアップして彼と比較しても遜色ない仕事ができていると思う。

定年まで勤め上げることがデフォルトとは思わなくなっているが、一方、企業を渡り歩くのがよいとも思わない。自分が成長でき、やりがいを持って生き生き働けるのであれば、その企業で長く働きたいと思う。ただ、勤め先に依存するのではなく、正当に評価されなければいつでも転職できるようにしておくことが、お互いに良い関係を継続するポイントだと考える。

転職市場はかなり大きくなっており、自分の市場評価もリアルタイムでチェック、把握しているつもりだ。新卒一括採用やメンバーシップ型採用はまだ一部残っているが、採用は多様化し、インターンと採用が直結するようになっている。自分よりも若い世代は、大卒文系でも将来を見据えて最初からジョブ型を志向する人もかなり増えてきた。

所属している企業との関係は以前に比べドライになっているかもしれないが、いまの企業は待遇もさることながら、そのミッション、パーパスに大いに共感したことで入った。同じ考え方の同僚が集まっていることも、仕事自体にやりがいを感じ、熱意を持って没頭できる環境であると感じる。

また、企業のほうも、優秀な人材の定着度を増すためにかなり努力するようになっているように思う。さまざまな研修制度を用意して学び、成長の機会を提供してくれているし、従業員に対し個別の健康管理やアドバイスを行うなど、従業員の状況をきめ細かく把握しながら、そのウェルビーイングの向上にも熱心に取り組んでいると思う。長くこの企業で働きたいと思えるような企業側の取り組みが、より重要になっていると思う。

一方、トップや役員への道の選抜のタイミングは昔よりも早まっているようだ。欧米でファスト・トラックと呼ばれるものが日本でも一般的になりつつある。彼らはいろいろな職務や部門を経験しながらランクを上がっていくスピードも速く、ジョブ型ではなく無限定正社員の色彩は強いと思う。

職場が変わる

新型コロナという大変革期を経て、自分が就職する頃には、テレワーク、リモートでの仕事が完全に定着した。オフィスワーカーにとっては、さまざまなインフラの整備によってノウハウの蓄積でどこにいても出社と変わらず仕事ができるようになり、不自由は感じない。

各自の生産性が一番高まるようにテレワークの配分を決めて仕事をするようになった。週の半分は少なくともテレワークを行うことが、わが社でも定着している。会議や打ち合わせも職場組とリモート組、双方がいるハイブリッドで行うことが、当たり前になった。

コロナの頃は、在宅勤務は雑談やちょっとした質問などコミュニケーションが行いにくいということがあったようだが、いまは、デスクトップ・オフィスが進化を遂げ、同じ部署だけでなく、別の部署の人とも気軽にコミュニケーションができるようになったことは、出社を超える利点だ。

職場はかつての仕事をする場所から、従業員が仲間と出会ってインタラクティブにやり取りしながら、創造性や価値を生み出す場に変わってきている。思いついたらすぐ気楽に打ち合わせできるスペースが随所にあったり、ひとり仕事に没頭できるような集中スペースも用意されている。職場のレイアウトも植栽の緑が効果的に配置され、すがすがしく感じ、仕事がはかどる感じがある。自分の課・チームのメンバーは月に一度必ず全員で職場で集まり、仕事のやり取りだけでなく親睦を深める機会があり、いつも楽しみにしている。通勤に1時間の時間をかけても行きたくなるような職場に変わってきた。

親の世代は残業や転勤は当たり前であったと聞くが、働く側の意識も相当変わったと思う。仕事が集中したときは仕方ないが、残業している人は効率が悪い人、仕事が遅い人という評価だ。時間当たり生産性を意識し、勤務時間に集中して定時に上がるのがスマートでかっこいいという評価だ。

その代わり、同僚と誘い合わせて外にランチに行くといった習慣はなくなり、昼休みもサンドイッチ片手に仕事に集中している人も少なくない。味気ない感じはするが、それだけ定時で帰宅したいという意欲の表れだ。

転勤も本人の希望が優先され、辞令一本で全国どこでもということはなくなった。あったとしてもエリアが限られるのが、わが社でも大半のケースだ。リモートと出張の組み合わせで転勤しなくても地方の支店長をやっている人もめずらしくない。これも職場だけでなく、商談などの打ち合わせもリモートが主体になったことが大きい。

職場では、自分の課の課長は女性であり、管理職の半分は女性となっている。これも採用段階で男女比率がかなり前に半々となり、ジョブ型が定着したからだと思う。定年後も再雇用されている人もこれまで培ったスキルや経験を生かして、後進の指導を行っている人も多く、勤務日・勤務時間は柔軟に設定され、戦力として期待されており、自分も日頃、人生相談も含めいろいろアドバイスしてもらっている。定年後活躍できるため早めに準備していくという意識も、若手に広がっている。有期雇用の非正社員からジョブ型正社員へのステップアップの道が明確となり、非正社員の割合はこの職場でも減った。

家庭・家族が変わる

自分には2歳の子供がいる。夫婦共働きで二人ともジョブ型正社員だ。学生時代の同級生ということもあり、家事や子育ては二人で平等にやると決めて結婚した。朝は娘を保育園に連れて行き、お迎えは在宅勤務を活用しながら妻と分担をしている。娘が生まれたときも自分が育休を半年間とった。夕食も週半分は自分の当番だ。夫婦共働きがデフォルトになり、専業主婦に対する税社会保障制度の優遇措置は廃止されて久しい。

共働きであるのでそれなりの収入は確保できているが、ジョブ型なので年齢とともに右肩上がりに収入が増えるというわけではないので、娘の学費や住宅ローン返済など将来の不安がないわけではない。ただ、会社にすべてを捧げ、自分や家族のプライベートな生活を犠牲にし、我慢するような生活はお互いやめようと話している。出世や経済的裕福さをどこまでも追求するのではなく、現在の収入を前提にその時々のライフステージに応じて時間的ゆとりを持って家族と一緒に楽しむ人生を送りたいと話している。

海外旅行、高級レストランでの食事、ブランド物の衣服にお金を注ぐことは、かつて親や祖父母の世代には豊かさや幸せの代名詞のように捉えられていたようだ。しかし、わたしたちはお金をかけなくても楽しいことは身近にあると思う世代だ。近場の自然豊かなところでアウトドアライフを楽しんだり、郊外に農園を借りて野菜を栽培したりして、夫婦で田舎暮らしもいいねと話しているところだ。それでも自分の趣味や家族とのレクレーションのため少しでも足しになるように副業をやっており、本業にも役に立ち、一石二鳥だ。

2 人事担当役員からみた「ミライのカタチ」

雇用・人事管理畑を経験してきたが、自社の雇用・人事管理が大きく変革に動き出したのはやはりコロナ期であったように思う。もちろん、その前から働き方改革がブームになり、ダイバーシティ施策も導入されてはいたが、正直、自社も他社がやっているから、世の中がそういう流れだからそれに合わせて横並びで行うという消極的なものであった。つまりは、「従業員にとって良いことは企業にとってコスト」という考え方が染みついていたということだろう。

コロナ期の在宅勤務をきっかけにウェルビーイング経営に転換

そのなかで変革のきっかけは、新型コロナで強制的に始めた在宅勤務だった。それなりに制度やインフラ整備に努めたが、当時の経営幹部のなかには出社第一主義の人が多く、新型コロナ感染症が収まってきた段階で出社を強要する経営側と、在宅勤務をこれまでと同様またはそれ以上に行いたいという希望を持つ従業員の間で、大きな対立が生まれてしまった。

自分自身がこの対立問題の解決に携わるなかで、在宅勤務でも生産性はあまり落ちないことを実感していただけに、在宅勤務でも出社でもまったく同じ仕事環境が実現できるとともに、職場を、同じ志を持った従業員が集まり、交流し、組織の一員であることを実感できる場所、少々の通勤時間をかけても行きたい場所にするという目標ができた。快適な在宅勤務、職場を再構築するには、最新のテクノロジーの駆使がキモになることも気がついた点だ。

在宅勤務のあり方を考えていくなかで自分にとって大きな発想の転換になったのは、従業員のウェルビーイングを中心に置いて雇用・人事管理を考えることだ。もちろん人によって差異があるが、従業員調査で在宅勤務でウェルビーイングが高まっていたにもかかわらず、経営側はそれを見抜けず出社要請を強めたことが対立を生んでしまったのだ。

企業にとってウェルビーイングを高めることは当然コストが高まる部分もあるが、それが彼らのインセンティブ、やりがい、ワークエンゲージメントなどにつながっていけば、当然、彼らの生産性も高まり、企業業績に反映していくはずだ。そのような傾向が当時の従業員調査でも明確に出てきたことが、ウェルビーイング経営に大きく舵を切る契機となった。

従業員のウェルビーイングを高めることを起点として考えると、それまで取り組んできた働き方改革、ダイバーシティ施策、スキルアップ施策への取り組み方も大きく変わることになった。他の企業がやっているからやるというのではなく、それらの施策が従業員のウェルビーイングにつながっているかということを確認していくことにつながり、実効性が高まるきっかけになった。

従業員のウェルビーイング重視の経営に転換してから、その根幹にある、身体的・精神的な健康を確保するため、本格的な健康経営に乗り出した。また、働き甲斐やワークエンゲージメントを高めるためには、企業側が調査や面談などを通じてどこまで個々の従業員の状況を理解しているか、また、企業のミッション、ビジョンといったパーパスが経営者の言葉として従業員に伝わっているかが重要であることにも気がついた。従業員、幹部を問わず双方向的なコミュニケーションを通じてそれぞれの状況・考え方について徹底した共有を行うということで、組織のなかの目詰まり、風通しの悪さが解消されることにもつながっていった。

また、オフィスの大改革については社内でも徹底して議論を行った。在宅勤務で出社とほとんど変わらずに仕事ができる、コミュニケーションがとれるにもかかわらず、出社する理由は何か、根源的なところまで突き詰めてみると、そこにはやはり従業員のウェルビーイングや生産性が明確に高まるというしかけがどうしても必要であることがわかった。

オフィスのレイアウトや設備も従業員の生産性、創造性やワークエンゲージメントを高めるという視点から見直した。同じ志を持つ者が同じ場所・時間を共有することでいかに一体感を高めていくことができるか、オフィスでしかできない仕事、プライベート両面のアクティビティもさまざま工夫するようになった。

難関だった真のジョブ型改革

雇用人事・改革のなかで最も苦労したのは、ジョブ型雇用の導入である。コロナ以前からジョブ型の導入は行っていたが、一部のスタッフ職や地域限定正社員にとどまっていた。雇用契約で明示化する職務限定正社員のハードルはやはり高かった。

当時は、当社もご多分に漏れず、他社も多く取り組んでいた職務記述書（ジョブ・ディスクリプション）を導入しただけのいわゆる「なんちゃってジョブ型雇用」の導入を行ったが、結局、雇用契約で明示していないため、職務記述書を超える仕事も対応する必要が出てくるなかでどんどん有名無実化するなどうまくいかなかった。これまでのメンバーシップ型には限界があることは百も承知であったが、定期的に人事側主導で異動や転勤などを実施できるという裁量は、人事側が簡単に手放すことのできないものであった。

それでも本格的にジョブ型を導入せざるをえなくなってきた背景は、キャリアの入口と出口の大きな変化であった。年金の支給開始年齢が70歳に引き上げられることが決まり、定年を迎えても他に職場を見つけられない人がとどまる傾向にあった継続雇用制度は、維持不可能になってしまった。自社では定年延長を行わない代わり、60歳で定年を迎えても他社で第二の職業人生を有意義に送れるよう、その道のプロとしてキャリアの途中でジョブ型へ転換する仕組みを全面的に取り入れることとなった。

これはキャリアの出口からの要請だけではなく、キャリアの入口、つまり、新卒者もジョブ型雇用への関心が高まり、メンバーシップ型ではなく、自分のキャリアを自律的に考えることができるジョブ型を志向する若者がコロナ後、大卒文系においても急速に拡大することになったことが大きい。

もちろん、文系の場合は、理系のように大学教育がそれに向けて専門化しているわけではないので、5～10年くらいはいろいろな職務を経験することは重要であることは変わりがないのだが、その後、本人の適性や希望に合わせてジョブ型に転換していくキャリア・パスが明確になっていることが、新卒の企業選びでも重要な決め手となるようになった。理系・文系にかかわらず、新卒からジョブ型一本という企業も増えてきた。

従業員のキャリアの自律性に対する志向を尊重しつつ、企業として従業員まかせにするのではなく、各自のキャリア形成のフューチャー・デザインに対する自覚、積極的なコミットメントを促すためのトレーニング、サポートが課題となっている。

もちろん、ジョブ型の人事異動は人事にとってやっかいであることは変わりないが、まずは、社内副業や横断的なプロジェクト参加で自分から手を挙げて職務に取り組むという「手挙げの文化」を浸透させていくことが、人事を含めさまざまな部門の意識改革の契機になった。ジョブ型で社内公募が当たり前になれば、社内で候補者がみつからない場合も当然出てくる。それに対する対応として、常に中途採用も視野に入れて人事を回すという考え方に変わったといえる。組織に刺激を与える、いい意味での「流動性」が確保できるようになった。

また、自分自身、自社における女性の活躍、管理職割合の増加に向けてさまざまな取り組みをしてきたが、女性に対する施策だけ行っている間は期待すべき効果は表れなかった。男女の区別なく、男性にとっても働きやすい環境、つまりは、ジョブ型に大きく舵を切ることで目に見える変化が起きたという印象だ。

もちろん、課題がないわけではない。かつては、頑張れば将来賃金が上がっていくという一種のノルム、約束ごとが従業員のインセンティブになっていたが、それがなくなることでやる気を高めることが難しくなったことは確かだ。成長志向、企業のミッションやパーパスへの共感とそれに向けた行動をきめ細かく評価し、処遇などに反映する努力を行っているが、ワークライフバランス、プライベートライフ重視が徹底し、出世や高給を求めない層が自社でもそれなりの割合を占めるまでになっていることに戸惑いを覚えることも多い。

人材育成・研修制度に対する逆転の発想

従業員のスキルアップサポート、能力開発に向けた人材育成・研修制度への考え方も大きく変わった。かつての新卒で企業に入って定年までいるのが当たり前の時代は、長期的な視点で人を育てる意識があったが、1990年代以降、人手不足、コスト削減圧力のなかで予算的にも人材配置の面でも人材育成の余裕がなくなってしまった。上司は自分の仕事で手いっぱいで、指導・育成者というより評価者の側面が強くなった。こうしたなかで従業員の定着意識も弱まり、「研修をいくら行っても転職してしまえば元も子もない」という考え方が悪循環に拍車をかけた。

こうした考え方に対し、抜本的な変革を迫ったのは、新卒者を含む若手の意識の変化である。若手がキャリアの自律性を重視しているのは、成長経験を求めているからだ。つまり、自分が成長する機会がある企業に職を得たいし、その機会がなければ転職も厭わない。そうなると、企業側が研修プログラムを幅広く用意しているかどうかが、そうした欲求を持つ人材を引き付けるカギとなる。従業員が離職する心配より、そもそも優秀で意欲を持った人材が集まらないことを懸念すべきと気がついたのだ。

この結果、かなり広範囲なプログラムを準備するとともに、オンラインでの受講も整備した。これにより若手の定着もむしろ高まるという効果も出てきた。

このように過去20年間を振り返ってみれば、職務限定型のジョブ型雇用を本格的に導入したこと、多様で柔軟な働き方を選択できる働き方改革から一歩進んでそれを包含する、従業員のウェルビーイング向上をめざす働きがい改革に舵を切ったことが、自社の人材の高度化や業績向上に大きく貢献することとなった。人事・雇用改革に終わりはないし、新たな環境変化に対し矢継ぎ早に対応していく俊敏さも求められている。悩みはつきないが、これまで同様、自社のなかできめ細かな対話を積み重ねながら課題に果敢に挑戦していきたい。

おわりに

本書の執筆のきっかけは、２０２１年4月にその後、本書の編集を担当していただくことになる田口恒雄氏からの、「ジョブ型雇用について、誤解に焦点を当てながらも平易に解説した本を執筆してみませんか」という依頼であった。ちょうど、ジョブ型雇用をテーマにした雑誌の座談会やメディア向け勉強会などで、当時ブームの様相を呈していたジョブ型雇用について持論を発信していた時期であった。

依頼を受けた当初は、ジョブ型雇用については、過去の著作（鶴［2016］）でも包括的に取り上げていたし、当時、最大の関心テーマはリモート・ワークであったので、まとまった著作に仕上げることができるかどうかとも思い、やや逡巡したことを覚えている。ちょうど、他社から単著を上梓したタイミングでもあった。

また、当時、濱口桂一郎氏がジョブ型雇用に関する著作（『ジョブ型雇用社会とは何か――正社員体制の矛盾と転機』岩波新書、２０２１年9月出版）を準備されていることが伝わっていたので「屋上屋を重ねても仕方ない」という思いもあった。執筆するとしてもジョブ型雇用を軸としつつもポストコロナの働き方を見据えた大きな視点が必要であり、ジョブ型ブームの波に乗るよりも、じっくり腰を据えて取り組まなければならないと感じた。

その後、濱口氏の著作はベストセラーになり、高い評価を受けている。筆者もジョブ型・メンバーシップ型雇用の本質を理解するうえで欠かせない著作と考え、主張も同感するところばかりだ。

ただ、これを読んで、ジョブ型・メンバーシップ型について正しい理解が得られたとしても、たとえば、企業の人事・労務担当者などがどういう対応を行えばよいかについては、必ずしも明確に語られていないように感じた。もちろん、これは同著作の評価を損ねるものではなく、企業の担当者、政策担当者を含めどうすればよいかは各自が考えるべき話ということであろう。

ジョブ型を現在の欧米の雇用形態そのものと考えれば、それを日本にそのまま導入せよということは、人間に例えれば、血液を全部入れ替えるような「大手術」である。欧米のジョブ型雇用は、それはそれで日本にはない問題点を抱えていることは事実だ。そのため、その「大手術」が成功し、日本の雇用システムが生まれ変わったとしても、それは、逆に欧米の雇用問題・課題をそのまま引き継ぐことになる。欧米のジョブ型をそっくりそのまま「猿真似」して導入してもうまくいくわけはないのはそのとおりだ。

しかし、そこを強調しすぎると別の意味の「ねじれ」も生んでしまうことを実感した。筆者がある雑誌からジョブ型雇用についての原稿依頼を受けたときのことである。編集担当者の方から「もう一人の方に、ジョブ型の課題、メンバーシップ型のメリットの執筆をお願いする予定で、意見の違いが出る可能性があることをご了承ください」と念を押された。さしずめ、筆者はジョブ型擁護派、もう一人はメンバーシップ型擁護派ということで依頼されたのだろうと解釈した。

蓋を開けてみると、もう一人の執筆者はなんと、濱口氏であった。衝撃を受けたことを覚えている。「似非《えせ》ジョブ型」を斬って斬って斬りまくったあげく、メンバーシップ型擁護派に祭り上げられてしまったのか。もちろん、ご本人の意図するところではないだろうし、ジョブ型、メンバーシップ型いずれもメリット、デメリットがありどちらが優れた仕組みであるということではないというのが主張されたかった点であろう。筆者も同意見であることは本書でも強調したところだ。

しかし、現在のメンバーシップ型雇用をそのままの形で維持するのでは、日本の労働・雇用・人事の課題を解決できないのも明らかだ。課題解決のためには、堅固なメンバーシップ型雇用をなんとか切り崩す、本書でいう広義のジョブ型をできるところから導入していくしか道はない。もちろん、制度間の補完性を考えれば、つまみ食い的なジョブ型の導入ではうまくいかないのが道理だ。そこをわきまえつつ、将来の姿はまだ明確にイメージできなくとも、試行錯誤的にジョブ型の導入を行いながらより良い仕組みの構築をめざすことが重要である。そうしたメッセージを世の中に向けて発信する重要性を痛感した。

こう考えると、ジョブ型を軸にしながらも屋上屋を重ねることなく、自分なりに貢献・執筆するやり方もみえてきたような気がした。悩める人事・労務担当者にどのようなアドバイスができるであろうか。そこから出発すると、ジョブ型・メンバーシップ型の基本的な理解、ジョブ型の誤解を解くことはもちろん、そもそも、日本の雇用システムに関する客観的なエビデンス・分析や成果主義の本質を経済学的な見地から解説することが重要と考えた。また、テレワークのあり方を考えるうえで、従業員のインセンティブ・システムとともに企業組織の命運を司る情報システムについての理解が不可欠と考えた。筆者の過去の著作（鶴［2006, 2019］）の該当部分を、再度、わかりやすくするために大幅に改訂・加筆することで利用可能と考えた。

こうした部分が理論・教科書編とすれば、まさにアドバイスの中核をなす実践・戦略編が売りになってくる。そこでは、ジョブ型の普及のみならず、キャリアの自律性を前提としたイノベーティブな人材育成、時間・場所によらない働き方の推進、パーパス経営と従業員のウェルビーイングの向上といった、筆者が近年、主張してきたポイントも統一的に扱えると考えた。以上が、本書を執筆した経緯である。筆者の目標・意図がどこまで達成できたかについては、読者の方々のご判断・感想を待ちたい。

ジョブ型・メンバーシップ型雇用の議論については、長年、佐藤博樹氏、濱口桂一郎氏、海老原嗣生氏から多くのことを教えていただいた。記して感謝したい。三氏とは、新型コロナ以前にはプライベートでも談論風発の機会があったが、再会を楽しみにしたい。本書の第7～8章については、筆者が2017年から参画している日経スマートワークプロジェクトの一環として設置され、筆者が座長を務めるスマートワーク経営研究会で行った分析を引用している。メンバーの滝澤美帆氏、山本勲氏、並びに事務局として支えていただいている日本経済新聞、日経リサーチの担当者の方々にお礼を申し上げたい。特に、滝澤氏には共同研究で分析を担当していただき、大変お世話になった。

最後に、編集を担当していただいた田口恒雄氏、堀口祐介氏に感謝申し上げる。田口氏とのタッグは鶴［2006］以来であったが、全体の構成、終章の提案、内容面の改善などで多くの有益なアドバイスをいただいた。鶴［2016］などをご担当いただいた堀口氏には最後のゲラ構成、チェックの段階で集中的にご尽力いただいた。お二人には重ねてお礼を申し上げたい。

2023年2月

鶴　光太郎

Medoff, J. and K. Abraham (1980) "Experience, Performance, and Earnings," *Quarterly Journal of Economics*, 95(4), pp.703-736.
Milgrom, P. and J. Roberts (1988) "An Economic Approach to Influence Activities in Organizations," *American Journal of Sociology*, 94, Supplement, pp.154-179.
Milgrom, P. and J. Roberts (1992) *Economics, Organization and Management*, Englewood Cliffs, N.J.: Prentice Hall.
Milgrom, P. and J. Roberts (1995) "Complementarities and Fit: Strategy, Structure, and Organizational Change in Manufacturing," *Journal of Accounting and Economics*, 19(2-3), pp.179-208.
Mincer, J. and Y. Higuchi (1988) "Wage Structures and Labor Turnover in the United States and Japan," *Journal of the Japanese and International Economies*, 2(2), pp.97-133.
OECD (1993) *Employment Outlook*, Paris: OECD.
Ono, H. (2010) "Lifetime Employment in Japan: Concepts and Measurements," *Journal of the Japanese and International Economies*, 24(1), pp.1-27.
Prendergast, C. (1999) "The Provision of Incentives in Firms," *Journal of Economic Literature*, 37(1), pp.7-63.
—— and R. H. Topel (1996) "Favoritism in Organizations," *Journal of Political Economy*, 104(5), pp.958-978.
Radner, R. (1992) "Hierarchy: The Economics of Managing," *Journal of Economic Literature*, 30(3), pp.1382-1415.
Rosenbaum, J. (1984) *Career Mobility in a Corporate Hierarchy*, Orland, FL.: Academic Press.
Salop, J. and S. Salop (1976) "Self-Selection and Turnover in the Labor Market," *Quarterly Journal of Economics*, 90(4), pp.619-627.
Storper, M. and A. J. Venables (2004) "Buzz: Face-to-Face Contact and the Urban Economy," *Journal of Economic Geography*, 4, pp.351-370.
Topel, R. (1991) "Specific Capital, Mobility, and Wages: Wages Rise with Job Seniority," *Journal of Political Economy*, 99(1), pp.145-176.
Waldman, M. (2012) "Theory and Evidence in Internal Labor Markets," in R. Gibbons and J. Roberts eds, *The Handbook of Organizational Economics*, pp.520-571, Princeton University Press.

Human Resource Management Practices on Productivity," *American Economic Review*, 87(3), pp.291-313.

Kato, T. (2001) "The End of Lifetime Employment in Japan?: Evidence from National Surveys and Field Research," *Journal of the Japanese and International Economies*, 15(4) , pp.489-514.

Kawaguchi, D. and Y. Ueno (2013) "Declining Long-term Employment in Japan," *Journal of the Japanese and International Economies*, 28, pp.19-36.

Kitagawa, N., S. Kuroda, H. Okudaira and H. Owan (2021) "Working from Home and Productivity under the COVID-19 Pandemic: Using Survey Data of Four Manufacturing firms," *PLOS ONE*, 16(12).

Kotlikoff, L. and J. Gokhale (1992) "Estimating a Firm's Age-Productivity Profile Using the Present Value of Workers' Earnings," *Quarterly Journal of Economics*, 107(4), pp.1215-1242.

Laffont, J. and J. Tirole (1993) *A Theory of incentives in Procurement and Regulation*, Cambridge, MA: MIT Press.

Lazear, E. (1979) "Why Is There Mandatory Retirement?," *Journal of Political Economy*, 87(6), pp1261-1284.

—— (1981) "Agency, Earnings Profiles, Productivity, and Hours Restrictions," *American Economic Review*, 71(4), pp.606-620.

—— (1989) "Pay Equality and Industrial Politics," *Journal of Political Economy*, 97(3), pp.561-580.

—— (2000) "Performance Pay and Productivity," *American Economic Review*, 90(5), pp.1346-1361.

—— and R. Moore (1984) "Incentives, Productivity, and Labor Contracts," *Quarterly Journal of Economics*, 99(2), pp.275-296.

—— and S. Rosen (1981) "Rank-Order Tournaments as Optimum Labor Contracts," *Journal of Political Economy*, 89(5), pp.841-864.

MacLeod, W. and J. Malcomson (1989) "Implicit Contracts, Incentive Compatibility, and Involuntary Unemployment," *Econometrica*, 57(2), pp447-480.

MacLeod, W. and D. Parent (1999) "Job Characteristics, Wages, and the Employment Contract," *Federal Reserve Bank of St. Louis Review*, 81(3), pp.13-27.

Garicano, L. (2000) "Hierarchies and the Organization of Knowledge in Production," *Journal of Political Economy*, 108(5), pp.874-904.

Gibbs, M. and W. Hendricks (2004) "Do Formal Salary Systems Really Matter?," *Industrial & Labor Relations Review*, 58(1), pp.71-93.

Gibbs, M., F. Mengel and C. Siemroth (2021) "Work from Home and Productivity: Evidence from Personnel & Analytics Data on IT Professionals," *IZA Discussion Paper*, No. 14336.

Gibbs, M., K. Merchant, W. Van der Stede and M. Vargus (2006) "Determinants and Effects of Subjectivity in Incentives," *Accounting Review*, 79(2), pp.409-436.

Gneezy, U. and A. Rustichini (2000) "Pay Enough or Don't Pay at All," *Quarterly Journal of Economics*, 115(3), pp.791-810.

Hamaaki, J., Hori, M., Maeda, S. and K. Murata (2012) "Changes in the Japanese Employment system in the Two Lost Decades," *Industrial & Labor Relations Review*, 65(4), pp.810-846.

Hashimoto, M. and J. Raisian (1985) "Employment Tenure and Earnings Profiles in Japan and the United States," *American Economic Review*, 75(4), pp.721-735.

Hashimoto, M. and J. Raisian (1992) "Employment Tenure and Earnings Profiles in Japan and the United States: Reply," *American Economic Review*, 82(1), pp.346-354.

Hayek, F. (1945) "The Use of Knowledge in Society," *American Economic Review*, 29, pp.519-530.

Holmstrom, B. (1982) "Managerial Incentive Problems: A Dynamic Perspective," *Essays in Economics and Management in honor of Lars Wahlbeck*, Helsinki, Swedish School of Economics.

—— (1999) "Managerial Incentive Problems: A Dynamic Perspective," *Review of Economic Studies*, 66(1), pp.169-182.

—— and P. Milgrom (1991) "Multitask Principal-Agent Analyses: Incentive Contracts, Asset Ownership, and Job Design," *Journal of Law, Economics and Organization*, 7(0), pp.24-52.

Hutchens, R. (1987) "A Test of Lazear's Theory of Delayed Payment Contracts," *Journal of Labor Economics*, 5(4), pp.153-170.

Ichniowski, C., K. Shaw and G. Prennushi (1997), "The Effects of

Buchinsky, M., D. Fougere, F. Kramarz and R. Tchernis (2010) "Interfirm Mobility, Wages, and the Returns to Seniority and Experience in the U.S.," *Review of Economic Studies*, 77(3), pp.972-1001.

Bull, C. (1987) "The Existence of Self-Enforcing Implicit Contracts," *Quarterly Journal of Economics*, 102(1), pp.147-159.

Chuma, H. (1998) "Is Japan's Long-term Employment System Changing?," In *Internal labour markets, incentives and employment* (pp. 225-268) Palgrave Macmillan UK.

Clark, R. and N. Ogawa (1992) "Employment Tenure and Earnings Profiles in Japan and the United States: Comment," *American Economic Review*, 82(1), pp.336-345.

Cremer, J. (1980) "A Partial Theory of the Optimal Organization of a Bureaucracy," *Bell Journal of Economics*, 11(2), pp.683-693.

Drago, R. and G. Garvey (1998) "Incentives for Helping on the Job: Theory and Evidence," *Journal of Labor Economics*, 16(1), pp.1-25.

Dutcher, E. Glenn (2012) "The Effects of Telecommuting on Productivity: An Experimental Examination. The Role of Dull and Creative Tasks," *Journal of Economic Behavior & Organization*, 84, pp.355-363.

Etheridge, B., L. Tang and Y. Wang (2020) "Worker Productivity during Lockdown and Working from Home: Evidence from Self-reports," *Covid Economics*, No. 52, pp.118-151.

Fairburn, J. and J. Malcomson (2001) "Performance, Promotion, and the Peter Principle," *Review of Economic Studies*, 68(1), pp.45-66.

Fehr, E. and A. Falk (1999) "Wage Rigidity in a Competitive Incomplete Contract Market," *Journal of Political Economy*, 107(1), pp.106-134.

Fehr, E. and K. Schmidt (2000) "Fairness, Incentives, and Contractual Choices," *European Economic Review*, 44(4-6), pp1057-1068.

Freeman, R. and J. Medoff (1984) *What Do Unions Do?*, N.Y.: Basic Books.

Frey, B. (1997) "On the Relationship between Intrinsic and Extrinsic Work Motivation," *International Journal of Industrial Organization*, 15(4), pp.427-439.

Firm," *American Economic Review*, 76(5), pp.971-983.
—— (1988) *Information, Incentives, and Bargaining in the Japanese Economy*, Cambridge: Cambridge University Press.
—— (1995) "An Evolving Diversity of Organizational Model and its Implications for Transitional Economies," *Journal of the Japanese and International Economies*, 9(4), pp.330-353.
—— (2001) *Towards a Comparative Institutional Analysis*, Cambridge, MA: MIT Press.（邦訳『比較制度分析に向けて』瀧澤弘和・谷口和弘訳、ＮＴＴ出版、2001年）
Bailey, D. and N. Kurland (2002) "A Review of Telework Research: Findings, New Directions and Lessons for the Study of Modern Work," *Journal of Organizational Behavior* 23, pp. 383-400.
Baker, G., R. Gibbons and K. J. Murphy (1994a) "The Wage Policy of a Firm," *Quarterly Journal of Economics*, 109(4), pp.921-955.
Baker, G., R. Gibbons and K. J. Murphy (1994b) "Subjective Performance Measures in Optimal Incentive Contracts," *Quarterly Journal of Economics*, 109(4), pp.1125-1156.
Baron, J. and D. Kreps (1999) *Strategic Human Resources: Frameworks for General Managers*, N.Y.: John Wiley & Son.
Barrero, J., N. Bloom and S. Davis (2021) "Why Working from Home Will Stick," *NBER Working Paper*, No. 28731.
Bartik, A., Z. Cullen, E. Glaeser, M. Luca and C. Stanton (2020) "What Jobs are Being Done at Home During the Covid-19 Crisis? Evidence from Firm-Level Surveys," *NBER Working Paper*, No. 27422.
Bloom, N., J. Liang, J. Roberts and Z. J. Ying (2014) "Does Working from Home Work? Evidence from a Chinese Experiment," *Quarterly Journal of Economics*, 130(1), pp. 165-218.
Bolton, P. and M. Dewatripont (1994) "The Firm as a Communication Network," *Quarterly Journal of Economics*, 109(4), pp.809-839.
Brosig, J., A. Ockenfels and J. Weimann (2003) "The Effect of Communication Media on Cooperation," *German Economic Review*, 4, pp.217-241.
Brown, C. (1990) "Firms' Choice of Method of Pay," *Industrial and Labor Relations Review*, 43(3), pp.165-182.

過程の公平性」『社会科学研究』第50巻第3号、pp.81-100
——（1999b）「成果主義の浸透が職場に与える影響」『日本労働研究雑誌』第474号、pp.2-14
——（2005）「後工程だけの改革であった成果主義」『Business Labor Trend』2005年3月号
山本勲（2019a）「働き方改革、労働時間短縮の企業業績への影響」スマートワーク経営研究会最終報告『働き方改革、進化の道筋——生産性向上に資するテクノロジー、ウェルビーイング』第2章第2節
——（2019b）「働き方改革の従業員への影響」スマートワーク経営研究会最終報告『働き方改革、進化の道筋——生産性向上に資するテクノロジー、ウェルビーイング』第3章第1節
——（2020a）「大括りでみた働き方改革の施策の企業への影響」日本経済新聞社編『日経スマートワーク OUTLOOK 2020』第2章第2節1、日本経済新聞出版
——（2020b）「従業員のウェルビーイングを高めるために有効な働き方改革は何か」日本経済新聞社編『日経スマートワーク OUTLOOK 2020』第2章第3節、日本経済新聞出版
——（2020c）「従業員のウェルビーイングと企業の業績はどのような関係があるか」日本経済新聞社編『日経スマートワーク OUTLOOK 2020』第2章第4節2、日本経済新聞出版
——（2021）「従業員レベルでの健康経営の認識・評価・理解と企業業績の関係」『日経スマートワーク経営研究会報告2021』第3章第2節
——・福田皓・永田智久・黒田祥子（2021）「健康経営銘柄と健康経営施策の効果分析」*RIETI Discussion Paper Series* 21-J-037
労働政策研究・研修機構（2018）『データブック国際労働比較2018』

【英文】

Abraham, K. and H. Farber (1987) "Job Duration, Seniority, and Earnings," *American Economic Review*, 77(3), pp.278-297.
Altonji, J. and R. Shakotko (1987) "Do Wages Rise with Job Seniority?," *Review of Economic Studies*, 54(3), pp.437-459.
Altonji, J. and N. Williams (2005) "Do Wages Rises with Job Seniority?: A Reassessment," *Industrial & Labor Relations Review* 58(3), pp.370-397.
Aoki, M. (1986) "Horizontal vs. Vertical Information Structure of the

――（2019）「日本の雇用システムの再構築：総論」鶴光太郎編『雇用システムの再構築に向けて――日本の働き方をいかに変えるか』第１章、日本評論社
――（2020）「新たなテクノロジーは働き方をいかに変えるか――ＡＩ時代に向けた展望」矢野誠編『第４次産業革命と日本経済――経済社会の変化と持続的成長』第７章、東京大学出版会
――（2021）『ＡＩの経済学――「予測機能」をどう使いこなすか』日本評論社
――・滝澤美帆（2019）「テレワークの更なる普及・促進を目指して」スマートワーク経営研究会最終報告『働き方改革、進化の道筋――生産性向上に資するテクノロジー、ウェルビーイング』第４章第３節
都留康・阿部正浩・久保克行（2003）「日本企業の報酬構造――企業内人事データによる資格、査定、賃金の実証分析」『経済研究』54（3）pp.264-285
都留康・久保克行・阿部正浩（2005）『日本企業の人事改革――人事データによる成果主義の検証』東洋経済新報社
萩原牧子・久米功一（2017）「テレワークは長時間労働を招くのか――雇用型テレワークの実態と効果」*Works Review* Vol.12、pp.58-67
服部良太・前田栄治（2000）「日本の雇用システムについて」『日本銀行調査月報』2000年１月号
松繁寿和（2005）「仕事、役割、能力を見直すために組み込まれたシステムとしての成果主義」『Business Labor Trend』2005年３月号
村田啓子・堀雅博（2019）「賃金プロファイルのフラット化と若年労働者の早期離職」鶴光太郎編『雇用システムの再構築に向けて――日本の働き方をいかに変えるか』第６章、日本評論社
森川正之（2020a）「コロナ危機下の在宅勤務の生産性――就労者へのサーベイによる分析」*RIETI Discussion Paper Series* 20-J-034
――（2020b）「新型コロナと在宅勤務の生産性――企業サーベイに基づく概観」*RIETI Discussion Paper Series* 20-J-041
――（2021）「新型コロナと在宅勤務の生産性――パネルデータ分析」*RIETI Discussion Paper Series* 21-J-041
――（2022）「新型コロナ下の在宅勤務の生産性ダイナミクス――企業パネルデータによる分析」*RIETI Discussion Paper Series* 22-J-005
守島基博（1999a）「ホワイトカラー・インセンティブシステムの変化と

小池和男（1991）『仕事の経済学』（第１版）東洋経済新報社
――（2001）『仕事の経済学』（第２版）東洋経済新報社
――（2005）『仕事の経済学』（第３版）東洋経済新報社
――・猪木武徳編（2002）『ホワイトカラーの人材形成――日米英独の比較』東洋経済新報社
厚生労働省（2003）『平成15年版労働経済の分析』厚生労働省
――（2005）『平成17年版労働経済の分析』厚生労働省
――（2014）『平成26年版労働経済の分析』厚生労働省
佐藤博樹（2022）「『ジョブ型雇用』を巡る議論をどのように理解すべきか――人事管理システム改革への示唆」『日本労働研究雑誌』第739号特別号、pp.10–17
佐野晋平・鶴光太郎・久米功一・安井健悟（2022）「スキルの保有と利用の実証分析：ICT スキルと英語スキルに着目して」*RIETI Discussion Paper Series* 22-J-032
高橋伸夫（2004）『虚妄の成果主義――日本型年功制復活のススメ』日経ＢＰ
滝澤美帆（2019）「働き方関連施策に関する企業側と従業員側の認識のギャップと企業業績の関係」スマートワーク経営研究会最終報告『働き方改革、進化の道筋～生産性向上に資するテクノロジー、ウェルビーイング』第３章第２節
――（2020）「従業員の理解を高めることは企業業績の向上につながるか」日本経済新聞社編『日経スマートワーク OUTLOOK 2020』第２章第４節１、日本経済新聞出版
――・鶴光太郎（2021）「在宅勤務の決定要因」『日経スマートワーク経営研究会報告2021』第２章第１節
――・鶴光太郎（2022）「在宅勤務 コロナ下での課題とウェルビーイングとの関係」『日経スマートワーク経営研究会報告2022』第１章
竹内洋（1995）『日本のメリトクラシー――構造と心性』第５章、東京大学出版会
鶴光太郎（1994）『日本的市場経済システム――強みと弱みの検証』講談社現代新書
――（2006）『日本の経済システム改革――「失われた15年」を超えて』日本経済新聞出版
――（2016）『人材覚醒経済』日本経済新聞出版

参考文献

【和文】

青木昌彦・安藤晴彦編著（2002）『モジュール化――新しい産業アーキテクチャの本質』東洋経済新報社

荒川創太（2005）「大手企業の賃金制度はこう変わった：90年代から現在までの見直し経過」『Business Labor Trend』2005年3月号

猪木武徳（2002）「ホワイトカラー・モデルの理論的含み――人・組織・環境の不確実性を中心に」（第2章）小池和男・猪木武徳編『ホワイトカラーの人材形成――日米英独の比較』東洋経済新報社

今田幸子・平田周一（1995）『ホワイトカラーの昇進構造』日本労働研究機構

大竹文雄・唐渡広志（2003）「成果主義的賃金制度と労働意欲」『経済研究』第54巻第3号、pp.193-205

大橋勇雄・中村二朗（2004）『労働市場の経済学――働き方の未来を考えるために』有斐閣

大湾秀雄・佐藤香織（2017）「日本的人事の変容と内部労働市場」川口大司編『日本の労働市場――経済学者の視点』有斐閣

奥西好夫（2001）「『成果主義』賃金導入の条件」『組織科学』第34巻第3号、pp.6-17

加藤隆夫・神林龍（2016）「1980年代以降の長期雇用慣行の動向」*Discussion Paper Series A* No. 644. Institute of Economic Research, Hitotsubashi University

黒田祥子・山本勲（2014）「企業における従業員のメンタルヘルスの状況と企業業績――企業パネルデータを用いた検証」*RIETI Discussion Paper Series* 14-J-021

黒田祥子・山本勲・島津明人（2021）「従業員のポジティブメンタルヘルスと生産性との関係」*RIETI Discussion Paper Series* 21-J-043

玄田有史・神林龍・篠崎武久（1999）「職場環境の変化と働く意欲・雰囲気の変化」社会経済生産本部編『職場と企業の労使関係の再構築――個と集団の新たなコラボレーションにむけて』pp.43-67

玄田有史・神林龍・篠崎武久（2001）「成果主義と能力開発：結果としての労働意欲」『組織科学』第34巻第3号、pp.18-31

著者紹介
鶴 光太郎（つる・こうたろう）
慶應義塾大学大学院商学研究科教授
1960年東京生まれ。84年東京大学理学部数学科卒業。オックスフォード大学 D.Phil.（経済学博士）。
経済企画庁調査局内国調査第一課課長補佐、OECD経済局エコノミスト、日本銀行金融研究所研究員、経済産業研究所上席研究員を経て、2012 年より現職。経済産業研究所プログラム・ディレクター／ファカルティーフェローを兼務。
内閣府規制改革会議委員（雇用ワーキンググループ座長）（2013 ～ 16 年）などを歴任。
主な著書に
『日本的市場経済システム』（講談社現代新書、1994）『日本の財政改革』（青木昌彦氏との共編著、東洋経済新報社、2004）『日本の経済システム改革』（日本経済新聞出版、2006）『非正規雇用改革』（樋口美雄氏、水町勇一郎氏との共編著、日本評論社、2011）『人材覚醒経済』（日経・経済図書文化賞、日本経済新聞出版、2016）『性格スキル』（祥伝社新書、2018）『日本経済のマクロ分析』（前田佐恵子氏、村田啓子氏との共著、日本経済新聞出版、2019）『AIの経済学』（日本評論社、2021）などがある。

日本の会社のための
人事の経済学

2023年4月5日　1版1刷
2023年8月24日　　2刷

著　者　鶴 光太郎

発行者　國分正哉
発　行　株式会社日経ＢＰ
日本経済新聞出版
発　売　株式会社日経ＢＰマーケティング
〒105-8308　東京都港区虎ノ門4-3-12
ＤＴＰ　CAPS
印　刷　藤原印刷
製　本　積信堂

ISBN978-4-296-11768-0　Printed in Japan